夜の扉のなかにあるもの

蓮実里菜

はるかぜ書房

まえがき

キャバ嬢にホステス。日本社会で生きていると、そういう言葉が耳に入ってくる瞬間は、いっぱいある。夜の世界をテーマにする漫画もドラマも映画も沢山あるし、テレビを見ていても、ドラマのワンシーンに、バラエティのひな壇にと、それらはいたるところに転がっていて、その仕事はイメージだけ超有名だ。でも、じゃあその仕事って、なにする仕事なの？

コミュ力が大事な仕事、気遣いがなければやれない仕事、女を売る仕事……とそんな感じにその仕事は形容されることが多いけれど、なんだかそのどれも、私にはあんまりしっくり来ない。

と、なんでそんなこと言うのかというと、私は、十九歳から二十二歳まで、六本木のクラブでホステスをしていたからだ。六本木に三十年くらいある老舗で、テレビの撮影とかでも、たまに使われたりしていたお店だった。ホステスの仕事をはじめた理由は、当時進学した大学で夢中になれるものに出会えなくて、代わりにアメリカの大学に行きたいと思ったから。その総額一千万以上はかかる夢に、ひょんなことから魅せられたから。そうやって、お金貯めよう、の手段としてその仕事をはじめたわけだが、夜の世界で過ごした時間はとても色鮮やかで、それは手段以上の記憶として私のなかに残っている。

でも、その世界の鮮やかさが上手に表現されたものは、ドラマや水商売のルポのなかには全然見つからない。その世界のことは、「枕営業」みたいにひたすら単純化されてチープに表現されるか、「銀座のママの気遣いは超一流」みたいにちょっと美化されるか、その両極端だ。私はそのイメージだけ超有名なその仕事の中身とその世界の魅力の複雑味を見せたい、と思って、この本を書いた。ベールにかけられて語られることのない場所の一ピースを、切り取るものとして。

世の中には元ナンバーワンのホステス本は沢山あるし、ドラマや漫画とは違うまじめなルポや研究もある、なのに私が、「私にしか書けないものがある！」という壮大な勘違いを胸にこの本を書きはじめたのには、三つの理由がある。

ひとつめは、自分が持っている当事者としての経験の濃さだ。「今日からよろしくお願いしまーす（キョロキョロ）」とドアをくぐった私はやがてナンバーワンになり、「ちょっとかじってみました」の元ホステスには分からないレベルで、その世界に一度浸った。

ふたつめは、自分のなかにあるその体験を、俯瞰して少し離れた場所から眺めるレンズも自分自身のなかに持っていること。二十二歳でお店をやめたあと、十九歳の夢を追いかけて渡米した私は、紆余曲折を経て進学したコロンビア大学で社会学を専攻し、自分が六本木でした経験を社会学的な見地からどう説明し得るかを学んでいった。通常社会学のフィールドワークは、知識があって、フィールドワークがあっての順番だが、私の場合は、経験が先に来て、その経験を理解する物事の考え方や視点をその後の人生で身につけていった。

みっつめは、通常特殊な言葉や色がついた言葉で語られがちなホステスの仕事を、「色のつかない、その本質をもっとも言い得た言葉で表現すること」に対しておそらく日本で私以上にそんな想い誰も持ってないだろうというレベルの強さの思い入れを持っているところ。イメージだけ超有名なその仕事をした時間が、図らずとも自分の原体験になった私は、その後、「(自分の感じるように)その本質が言語化されないもの」に愛情と思い入れを持ちながら生き、でもその経験は社会的には自分を邪魔しかしない、そんな葛藤を抱えながら生きてきた。「じゃあ、説明して」と言われても、三行では言えない、だけど、本一冊かけてなら、とことん語りたい。さて、外資系経営コンサルタント（現在の職業）がホステスの仕事を説明すると、どうなるのでしょうか。

そんなわけで、この本は、元ナンバーワンホステスのひたすらに主観的で平面的なつらつらとした回顧録ではなく、かといってドライなだけの分析とも違う、その世界の構造をわかりやすく表現した上に当事者の心情をのせて表現することで、断片的に語られがちな現代の夜の世界をこれまでにない感覚で裸にすることを目指した。でも、夜の世界のことをおカタく書いた本なんて全然面白くないので、まずはライトな部分から。

この本は二部構成になっていて、第一部は「夜の世界の入り口」「二十歳の私がその世界で好きだったもの」「夜の世界の深み」と、十九歳の私がホステスの仕事をはじめてから、どんな景色を見て、どう引き込まれ、どう浸り、どうそこを出て行ったかまでを綴った、回顧録風のものになっている。カジュアルな文体の読みやすいものにしたかったので論文の作法はとっていないが、その部分に織り込まれているナレーションこそが、社会学でいうエスノグラフィーの考察やオリジナルな分析でもある※1。第二部「拝啓、昼間の社会様——その仕事って、そんなにダメですか？」は、第一部でミクロにたどった夜の世界を、視点を変えてマクロな側面から考察したものになっている。こちらも、カタい言葉を羅列するよりも最も人の心に届く文体で語りたかったので「あえて」耳慣れないような社会学の専門用語は使わず一般的な言葉で表現してあるが、(「ホステスは学歴社会という不完全な現代社会のシステムのなかで、学歴とは一線を画する社会移動の方法である」なんて言ったって、何もおもしろくないので……)。第二部も、社会学の視点を多分に含んだものであるそしてあとがきで、かつての自分の姿が今二十歳である女の子に重なることで、この本の社会的な意義を表現し、そこでもういちどまえがきに戻って、でもその仕事は語られない、ということで、私の表現したかったもののすべてが完成する。

この本を読み終わったあと、「一言で言えない」感想を持ってもらえたら、本望。

だって、一言では語れないから、この一冊がある。

それでは、六本木の夜の世界へ、ようこそ。

Have fun!

※1（前頁）この本は、私の三年間の日記を元にして書き起こしている。

目次

第一部

第一章

夜の世界の入り口

夜の世界の入り口

十九歳の大学一年生だった私と六本木のホステスの仕事を一番最初につないだものは、月並みだけど「高時給バイト」のキーワードだった。高時給バイトを探していたのは、当時通っている大学で夢中になれるものがなくて、代わりにアメリカの大学に行きたい、と思ったから。でも少なく見積もっても一千万以上かかる学費的なハードルが一般家庭の親に言うのには高すぎて、夜バイトしてお金貯めよう、的な単純な発想だった。結果クラブのホステスに絞られたのは、フロムエーとかを何冊も買ってきて高時給バイトを隅から隅まで洗ったときに、当時自分ができるもので、それが一番稼げる仕事だったから。あ、水着でパチンコ屋さんでコーヒー売るよりドレスでおじさんと話すほうが心理的な抵抗が無かったことも理由か……。

六本木のクラブだったのは、クラブなら銀座か六本木が単に有名どころ、でいろいろ見て回って、銀座にはまだちょっと若いから六本木のほうが合うね、みたいな感じで六本木にした。

私が六本木の夜の世界に入って受けた最初の驚きは、そこの空気の「明るさ」だった。というのも私は愛知県出身で、私大の受験が終わって上京するまでの一か月、名古屋の高級クラブの派遣のヘルプとかキャバクラの体験入店のバイトをしていたことがあったのだが、地方のそれとその半年後に東京で見た六本木の高級クラブは全然違うように見えたから（地方と言っても、名古屋の錦って、札幌とか大阪レベルの、日本有数の歓楽街なのだが）。

錦で垣間見たキャバクラやクラブの世界は、どこのお店へ行っても、それなりに「夜感のある」場所に思えた。夜っぽい綺麗なお姉さんや化粧の濃い、可愛くて非日常的なキャバ嬢はいても、そこには昼の世界で王道をいくような、フレッシュな感じの女の子がいるようには思えなかった。でも六本木の高級クラブは、「昼間の世界で王道を歩くような女の子」がいくらでもいた。例えば私の入店したクラブA（仮名）ではMARCHクラスや有名女子大とかの女の子が普通に何人も居て、髪さらさらでナチュラルなまつげが長くて、その大学でその外見で商社マンの合コン行ったらめちゃくちゃモテるでしょ、なんて子もいたり。お人形みたいに可愛かった立教大学の二十歳の女の子は、高校三年生の時に大学が指定校推薦で決まって、もう十八歳だったから、高校生だけどそのままキャバクラではじめてのバイトして、大学に入ってなんとなくクラブにシフトした、って教えてくれた。人生はじめてのアルバイトが時給数千円のキャバクラだったたっていうのも、人生ちょっとナメてんじゃね？と思うが、水商売＝ワケアリだったおばあちゃんや母親たちの時代とは意味が違って、東京のお水って、本当にカジュアル化されてる。それこそ大学のレベルを問わなければ、女子大生ホステスやキャバ嬢なんてほんとにはいて捨てるほどいる。

そこにいる学生の女の子たちはじゃあ苦学生なのかというと、そういう場合もあるけれど、でもそうではない場合もよくある。キャバクラやクラブでバイトをすることに特殊な理由なんていらないのが、東京なんである。お客さんとかが、「なんでここで働いてるの？」ってよく女の子に聞く言葉だけど、それって愚問だ。働く理由なんて、なくてもはじめられるところにあるような仕事なのだから。

なかには大学生で、生活は仕送りだけでできるけど趣味が貯金だからバイト代はひたすら貯めてるって女の子もいたし、地方のお嬢様でエルメスのバッグは本物の父親からのプレゼントです……みたいな子もいた。既出のその女の子たちはクビにならないミニマムの仕事量でそこにいるタイプでもなくて、むしろかなりの仕事量をする子たちだったのだけど、彼女たちがそれだけがんばる理由は、「その仕事しかできない」と言うわけでも、「どうしてもお金が必要」なわけでもなく、そこには悲壮感だとか閉塞感みたいなものがなかった。

もちろんそこにいる八割方の女性が有名大学の学生・出身なわけではないし、八割方がお嬢様育ちなわけでもないから、そういうのはホステスとしてのキャラの立つ要素ではある。でも、もはやダイヤモンドほどの希少価値はなくて、ちょっとしたブランディング効果くらい。夜にすれてなさそうでかわいらしくて愛想がいい大学生――そういうタイプだった私は、名古屋の高級クラブくらいでは重宝がられて、ママやお姐さんに「いい子が入ったの～！」なんてお客さんに紹介してもらったりしていたが、六本木はそんなに甘くはない。だって、そういう子がそこまで希少価値じゃ、ないからだ。でもまさに、そんな女の子も往々にして混じっているということが、その世界の空気の特殊性を薄め、昼の世界との境界線をおぼろげにし、その場所を「明るく」している。

キャバクラやクラブでバイトするっていうことへの敷居があそこまで低くて、社会の広範囲な場所に分子レベルで入り込んでいるのって、やっぱり東京ならではだと思う。そこにはもちろん彼女達のなかでのダブルスタンダードがあって、「クラブでバイトするくらい全然オッケー」と思う気持ちと、建前上はそんなこと口にしなくて、バイトの内容は大学では黙っておく賢さくらい充分に共存可能で、彼女たちはだいたい大学の友達にはバイトの内容はなんか適当なことにしていることのほうが多い。そうやって、昼間の世界の王道を行く有名大学の女子大生は、本音（ドレス来ておじさんと話すくらいなんでもない）と建前（そんなことしない、私）を使い分けることで、商品化した価値と、商品化しないという価値の両方を享受しているのだけれど、そういうダブルスタンダードをそもそも可能にしている条件も東京ならでは、と思う。

たとえば、名古屋でお洒落に楽しく遊ぶところって、基本的に栄・錦の周辺一帯のひとつのエリアしかない。だからクラブで働くくらいなんでもないけど、大学の友達とワイワイよく遊ぶ場所と同伴※2やアフター※3で髪の毛セットしておじさまと通り過ぎる場所は区別できるに越した事はないっていう女の子には、ちょっとだけ都合が悪いことも。でもそんな場所の使い分けも、東京では朝飯前。

東京の夜は無限くらい広くて、新宿・渋谷・六本木・赤坂・銀座……そのどこにだって星のように紛れこめる。六本木でホステスやったって、友達とは新宿とか渋谷で遊んで、彼氏とは丸の内や表参道や銀座でデートしておけばいい。大きな街がひとつしかない場所では、昼の女としての青春と夜の女としての冒険はもう少し相性が悪いだろうけど、東京なら、昼と夜のどちらの華やかさも犠牲にしないで、生きられる。

そんなふうに、東京の夜はカジュアルに普通の女の子をいざなうのだが、六本木の夜の魅力と魔力は、その世界にひろがるグラデーション、だと思う。仕事の内容も、働く女の子たちも。ホステスの子たちも、昼間は大学生の素人っぽい女の子や、素人系に見せてる愛くるしいプロや、そして圧倒的な存在感を放つ、見とれてしまうような艶っぽいお姉様までいろんなタイプがいるし、お客さんも、ちょっと女の子側が気を使うバージョンの合コン程度でしかないような席から、愛人契約だとかパパだとか、そういうザ・水商売な場所まで。どぎついお客さんとザ・お姉さまだらけの場所だったら新人は異色の空気に固まるが、そのグラデーションの空間って、そんなに構えなくても、自分の延長で案外普通にやっていけるような気がしたりする。ちょっと入ってぱしゃぱしゃその水ひっかけただけなら、そこに頭を丸ごと取り替える必要も、テキーラ三杯ひっかけて無理してギアを三つくらい上にあげたりしなくても、まったく違う人格になんてならなくても、なんか、やれそう。

でもそんなマイルドな入り口の先には、人の本気と能力を引き出す究極的に合理的な構造が

※2　お店の出勤前に、お客さんと食事してから同伴出勤することの略。
※3　お店の閉店後に、お客さんともう一軒、バーだったりカラオケだったりに付き合うこと。

あって、そこを生きることで、「ふつうの女の子」だった女の子が、グラデーションの鍵盤を渡って、トップクラスのホステスへと変容していったりする。「お金貯めよう」の、つまりは手段ではじめた仕事だったけど、私はその仕事の面白さに、引き込まれていった。

ホステスの仕事その一：会話に点数のつく、空気をデザインする仕事

その仕事の何が面白かったのか、その入り口の体感を一言で言えば、「『工夫する余地、自分らしく仕事をする余地』がほかのバイトより圧倒的に大きかった」ことなのだと思う。それまでは私は都内の高層ビルの五十何階かに入っていたダイニングバーでウエイトレスのバイトをしていたのだけれど、私はそのバイトがくそつまらないのにけっこう体力が必要で、時間だけ消費されて本当に嫌いだった。富士山や東京タワーが見えるパノラマビューの夜景を売りにおしゃれっぽい懐石料理を出すそのお店では、メニューは三種類のコースしかなかったのだけど、料理も飲み物もすべて一人で六卓くらい見ないといけなくて、でも、六卓それぞれ六品目ぐらいの料理をつつがなく順番になめらかに遅くなく早くなく出すっていうのはけっこうめまぐるしく忙し

い作業だ。釜のなんとかごはんとかが入っているコースはそれを火にかけるタイミングとかもキッチンに自分で声をかけないと「やばい、もうお料理終わってるのにご飯出せるまであと三十分もかかっちゃう……」ってことになるし、グラスが空いてたらそれも気を配らないといけないし、お上品なお店の裏では忙しいときは走ってるような。でもそれは私にとっては全然「おもしろい忙しさ」じゃなかった。

「良い接客」とか言うけれども、そんなの料理を持っていく瞬間にまとう一瞬の雰囲気だとかなにか聞かれることに対して対応する、その一瞬にこやかに対応するかしないかくらいの違いに思えて、誰がやったって大差ないものに思えた。ウエイトレスでもゆっくりお客さんと会話したりだとか、そこに自分らしさが出せるような仕事はおもしろがる余地があると思うのだけど、ひたすらホール回す作業って、多少の上品さをまとった機械的作業で、本当つまらない……と思っていた。そのお店のバーのバーテンダーとかだったらカウンター越しにお客さんの人間模様を楽しむ余裕なんてのもあるかもしれないが、ウエイトレスは基本的にお店の中を動き回っているのでお客さんの会話なんて一瞬ずつしか聞けないので心のなかでおもしろがれるほどのものでもなく。若いスーツの男性がＯＬ風の女の子に「○○ちゃんは、休みの日には何してるの?」「じゃあ、今度の週末〇〇ちゃんも友達連れてきてよ。〇〇ちゃんの友達にも会ってみたいなぁ」とかなんとか言っているのにお料理持っていったときに瞬間的に立会い、あまりにもデフォルメされたやりとりをしらけた想いで聞くくらいが関の山で、そんなのも、ずーっと聞いてられたら面白いけれど、こっちはお刺身だのシャーベットだの釜のなんとかごはんだのをさばかないといけないから残念な思いでさっさと立ち去るしかなく。

それがまた週一回のバイトだったらそこまで思わなかったと思うのだが、週四日とかの夜六時間はけっこうな時間のコミットメントで（けど東京の一人暮らしはお金がかかる）、時間の切り売りってまさにこういうこと、もっとほかに時間を使いたいことは沢山あるのに……と、そのデッドエンド感はため息つきたくなるくらい苦痛だった。でもそんな私が六本木のクラブに週六で出ることに対しては同じ種類の苦痛さをまったく感じなかった。

ウエイトレスには料理を出す、下げる、みたいな明確な業務内容があって、その具体的な機能を満たすことが仕事とされることとは対照的に、ホステスの仕事って、はっきり規定されている業務なんて水割り作るとか（机の上で氷と水とお酒を混ぜるだけ）灰皿変えるだとかそれくらいしかなくて、そしてそれらの機能的な仕事なんてそこではほとんど価値がなくて、むしろその場所の空気や会話をどうデザインするかが仕事だ。だって、せっせとお酒つくってくれてせっせと灰皿を変え続けてくれてでも空気や会話のデザインがへたくそな人がそこにいるより、おいおいグラス空いてるよって、でもそんなことを忘れるくらい話が盛り上がる女の子がそこにいるほうが、結局お客さんにとっての価値が高いことだから。

どう会話をひろおうか、どう会話を広げようか、相手の波長にどう合わせるか、この席ではどんなムードが求められていてその席にどう自分がはまるか……相手への感度を研ぎすませながら接客して、かつ指名になる・ならないという形で、私の提供した時間が良いものだったかまああだったかあんまりだったか、自分がその場でいい仕事をしたのかしなかったのかバンバン明確な評価がくだされることは、誕生日だからケーキをサービスしようとか、寒そうだから貸し出し用のブランケットもっていこうとかくらいしか考える幅とオファーできるものが限られていたウエイトレスのサービス業より、はるかにおもしろかった。そこには料理を持っていくときの一瞬のやりとりに比べてその数十倍は「自分らしく」物事に対応する余地があったから。

もちろん面白い会話もあれば浅い会話もそこにはあったけれど、そんなふうに何時間もぶっ続けでひとと話していれば、同じ時間のウエイトレス業務でそのうち正味合計約二十分、それぞれ毎回二分ずつが人と話す時間でしたというものよりなんらかの気づきや発見がある。クラブは複数の接客でお客さんとずっと一対一で話しているわけではないので、他の女の子やお姉さんを見ていてなにかを感じることも思うことも多々あって、そこにある動いているものすべて、しゃべらない皿を見つめているより、面白がれるものがずっと多かった。レストランホールのなかを走り回って「何も得ることのない時間」を反復的に重ねて、得ているものって本当に時給だけの、ひたすらな時間の切り売りに思えた六時間に比べて、後者は働いている時間のなかになにかを感じたり考えたり吸収しているものがあると思えたことが違いで、それは私にとって、死んでいる時間と生きている時間の違いだった。

ホステスの仕事その二：マーケティングセールスと、人間関係の提案営業職

私の魅せられた水商売のはじめのおもしろさがその場の時間をどう埋めるかのコミュニケーションのアートだとしたら、その先のおもしろさは、そういう時間の上に、相手に対して自分の個性を商品化していくことだった。

オープンな競争の六本木のクラブでの指名の取り方っていうのは、結局は自分の魅力のプレゼン合戦である。指名するっていうのは、イコールお客さんがそこに何かの価値を感じたということで、相手が価値を感じるものに「こういうのが絶対」というものは意外にない。例えば、明るく飲むのが好きなお客さんは、楽しませ上手・盛り上げ上手な女の子が好きで明るくて元気いっぱい系の女の子をいつも指名するけれど、そういうタイプではないけれどなんか魅力を感じておっとり系の女の子を指名したりとか、いつもはＦカップ以上の女の子しか指名しませんみたいな人でも露出も少なめの清楚系の女の子を指名してみたりもする。ゆえにどんなそのひとらしさで勝負するか、どんな風に自分の魅力だったりキャラクターだったり得意なことだったりを商品化するかを、試行錯誤する場所。

女の個性が華のようにとびかう六本木のクラブでは、外見の自己演出という意味でもいろんな追求がある。お店で何を着るかひとつにしてもその自由度はとても高いので、お嬢様っぽい露出少なめのワンピースを着るのか、バービー体型の際立つ大胆なカットのロングドレスを着るのか、ボディコンシャスなシルエットを強調したへたなキャバクラドレスよりよほど色っぽいワンピースを着るのか、ドレスより脚を強調したスーツを着るのか、はたまた着物を着るのか、髪型もアップにするのかハーフアップにするのか前髪どうするか、巻くのか散らすのか、選ぶことの余地は沢山あって、女の子って本当に、お化粧と髪型と洋服と、それからちょっとの内側の自信で別人になる。その振れ幅、制服とマスカラとリップとヘアカットで出る差の十倍は大きい。日替わりで違うヘアセットをして違う洋服を来て、お客さん・お姉さん・黒服※4・同僚の女の子たちの全方位から、今日可愛いね、それ似合うね、とか、そういうもののほうがいいんじゃない、って日々ダイレクトに言われるなかで、そういうフィードバックを上手に活かしてセンス良く自分を開花させられる人とそうでもない人の差は、大きい。

六本木に立ち入る前は、容姿って、顔立ちのことだと思っていた。でもそこで同じ人でも魅せ方しだいで女性の雰囲気って本当に全然違うんだなって日々まざまざと感じられたことは、外見って生まれついたものには留まらなくて、自分の魅せ方をどれだけ理解しているかの結果で、デザイナブルなものなんだと知った。そうやって、自分の個性を商品化する仕事のほうが、ウエイトレスの制服着て空間の黒子になる仕事よりもおもしろいのも、また自然。

と外側の話をしたけれど、高級クラブの指名の競争はイコール見た目の競争ではまったくなくて、外見をも含めた総合的な個性の競争だ。個性って、お客さんの目に映るありとあらゆる「その人らしさ」。おっとりも、ちゃきちゃきも、話がおもしろいも、ノリがいいのも、安らぐも、純粋な気持ちになれるのも、何にどう反応するのかも、どんな空気をもっているのかも、趣味や昔していた習い事とか、昼間何の仕事してるとか、なんの勉強してるとか、そういう人間のすべてが個性で、お客さんの感じる「その人らしさ」の部分こそが、ホステスの一番の売り。それは存在っていうコンテンツの魅力で、「顔面」ではないのです。

とかいって、みんな似たり寄ったりの結局いかにも男性受けの良さそうなお姉さんばかりなのでは……とまだ信じてくれない方に向けて、もうちょっと。たしかにその場所には、モデルやレースクイーンの子もいるけれど、元自衛隊ですってお姉さんも、早稲田の理系の学部に通っていて、実験が趣味で「明日院試だから早引きします」ってお客さんに言うような女の子もいた。なかなか色々でしょう。

そんなホステスの自分の個性の商品化は、大きな方向性こそ変わらずベースとしてあっても最終的にはひとりひとりの相手とのそれぞれのケミストリーの上で繰り広げられるものなので、誰

※4　お店側の男性スタッフのこと。ウエイター業務をしたりホステスの相談を聞いたり、出勤の管理をしたりする。

に自分のどんな要素を商品にするのか決めるために、相手の情報が欠かせない。だから、ホステスは日々のやりとりのなかで、相手のことをリサーチする。好きなテレビ番組だとか本だとかスポーツだとか、こないだこんなことがあった、などなど。

そういう表面的な理解は会話を広げたり相手と共通の言語を話すのに役に立つし、どんな人間関係もその表面のふわふわしたものから入る。でも普通のホステスとできるホステスの差が大きいのはその奥の理解で、その人はつまるところどういうものに心を動かされるのかっていうことをどれくらい汲み取っていけるか、の違い。それって病院の問診票を埋めてもらうわけではないから「あなたが前の彼女と別れた理由はなんですか？　あなたが今ここに飲みに来ている理由はなんですか？　昔指名していた女の子のどんなところが好きでどんなところが嫌いだったんですか？　最近嬉しかったことはなんですか？　その理由は？　好きな映画とその理由を三つ教えてください。あ、それから……」とか一気に聞けるわけではないし、正面きって聞いたところでお客さんが自分のことを寸分の狂いもなく把握しているとも自分の感情を適切に言葉で表してくれるとも限らないので、それは必ずしもそういう直接的な質問をもとにしていく理解ではなくて、時間をともするなかでしていく、相手の人柄、人間への理解。あのときこう言ったから、あのときそう反応したから、こういうところがあるのかな。この発言って、こういう価値観があるから出てくるのかな。

相手をどれだけ汲めるかっていうことがビジネスでいうところの市場調査みたいなものだとしたら、その自分なりの理解の上に自分はどういう価値提供ができるか、自分は相手に対してどういう存在になれるか考えるのは商品企画みたいな部分で、その自分なりのマーケティングの上に考えたことを体現するのは、アートの部分というか表現の工夫の部分になる。どれだけ理解しようと、診断書や取り扱い説明書書いて終わりの仕事ではなくて、それを行動に反映させて、相手のこころに届くものになっていなければなににもならないから。

当時、仲の良かったお客さんに、「女の子たちは、私を指名してくれたら、こんないいことありますよ、こんな楽しいことがありますよってうまくプレゼンしないといけないんだよ」と言われたことがあったけれど（笑）、その通りで、ホステスの行動は、こんなのどうですか？って、パワポを使わないプレゼンの体現。難しく言えばそうだけど、「この人ってどうしたら喜んでくれるの？」をありったけの見聞きしたものを総動員して考え、自分のできることと相手が「嬉しい」って思ってくれることのマッチングをひたすら探し続ける作業の繰り返しだ。あ、届いた、あ、あんまり有効じゃなかった、って答え合わせをしながら、相手を理解しようとすることとその理解をもとに相手の心のなかに価値をつくるためには自分には何ができるのかを考えて行動すること、その無限ループ。ほかの女の子の方法を参考にしたり、真似したり発展させたりアレンジ加えたりしながら、自分ができることをやり尽くすのみ。

そんなふうに、ホステスは、瞬間を集めて、最終的には「自分と相手のケミストリーの上に成り立つ人間関係の提案営業」をしている。人はいろんな人間関係が必要で、お客さんのほしいものの絶対解ってひとつではない。ゆえにそこに色んな「価値ある」人間関係が存在し得て、そこにホステスらしさが必ず反映されているのが、水商売の素敵でおもしろいところ。お客さんと女の子はいつもオリジナルな人間ケミストリーの上に成り立っていて、お客さんも女の子によって引き出される性格が変わるというか、良い人になったりメンドウクサイ人になったり、心の開き度が違ったり、前面に出てくる部分が変わったりする。

ここは声を大にして言いたいのだけど、ホステス業が面白いのは、それはいわば人間関係っていう無形商材のセールスマーケティング職であって、市場調査段階から商品企画・営業の実行、さらにはその後のカスタマーセンターの対応とそのフィードバックをまた商品企画に反映することまですべて自分の手でできて、そしてこれ以上ないくらいダイレクトな形でその結果を感じられるからだ。感性を研ぎ澄ませて仕事をして、成功も失敗もすべてが明瞭で、そしてそのテンポが速い。そこにあるサイクルの完結性と裁量、そして自分の判断も行動も一挙手一投足がクリアに評価されるのには、それまで触ったことがないほどの面白さがあった。そのわかりやすいゲームに、その明確さに、感情や人間の魅力というその本来あいまいなものを丁寧に扱って目に見える明確な結果をつくりあげることに、私は引き込まれていった。人と話すことも、人と食事することも、人のことを考えることも、自分のことを考えることも好きな自分が、あれほど、自分のそれまで持て余していた力のすべてを向けられるものには、それまで出会ったことがなかった。

とは言えそう感じたのは、その場所に秀逸な構造の設計があったからなのだと思う。だって、お店選びとかでちょっとのぞいたくらいだが、銀座でも名古屋のクラブでも、またはキャバクラでも、それ以外の場所ではやってることは同じでも、そんなふうに感じなかった。他の場所ではハマらなかった、でもそこでだけ、私はそんなふうに自然に引き込まれた。じゃあ、その自然さの中身って、何だったのか？

六本木のクラブの新人の女の子が育つ仕掛け

その答えは、「六本木のクラブって、チームプレイのクラブの利点と個人プレイのキャバクラの利点の良いところを掛け合わせて、新人の女の子の育成環境として秀逸だったから」なのだが、それをもっと具体的に言うと、「形態は係のいるクラブだけど、ヘルプホステスにも指名制があって、それがハッキリ評価されるのが良かった」の一行に尽きる。でもその一行を理解してもらうためには、キャバクラとクラブのシステムの違いを説明しないといけないので、ちょっとお付き合いください。

名前くらい聞いたことがある人がほとんどだと思うが、お水の世界の主流なお店の形態は、クラブとキャバクラのふたつ。クラブとキャバクラの違いは座っていくらかタイムチャージが無いとか有るとか、名刺が縦か横かとか、女の子が着物姿かドレスかとか、ママがいるとかいないかとか、色々語られるものの、私の考えるクラブとキャバクラの「働く側にとって」の一番の本質的な違いは、お客さんと女の子の人間関係が排他的か否か、それと、女の子の評価システムの違いだ。

キャバクラは基本的に、お客さんと「本指名」の女の子がマンツーマンのシステムである。「場内指名」っていう本指名の子が席につけない間の時間におしゃべりしたい相手的なサブ指名的なものもあるけれど、本指名の女の子が既にいるお客さんには連絡先を聞いてはいけないとか、本指名の女の子に比べてお客さんからの距離に差がつくように設計されている。フリーのお客さん（指名をまだしていない、新規のお客さん）が来店したら席についた女の子はみんな連絡先を聞いて連絡をしだすけど（営業しだすけど）、お客さんに本指名の女の子ができると、お客さんと連絡を取り合うのは本指名の女の子だけになり、基本的にそれはひとりのお客さんにひとりの女の子という、一対一の関係だ（セット料金を二倍払えば二人本指名にできるだとかお店によって細かいルールの違いは無限にあるので、だいたいの傾向として）。

それに対して、「クラブ」って名前の場所は、お客さんに永久指名の（基本的に変えることができない）担当ホステスがいて、その担当ホステスを元にした複数での接客。その女性は、「担当」とか「係」と呼ばれる。クラブでは、担当ホステス以外の女の子は、ヘルプホステスと呼ばれる、いわゆるアシスタント役なのだが、クラブでは、お客さんは係の女性以外の女の子と何人連絡先を交換しても、来店するたびに席についてもらっても、係以外の女の子と同伴してもアフターしても、お客さんの自由（システム的にはね、まあ感情的にはそれを嫌がる女の子も中にはいるけども）。でも、誰が理由で来店しても、そのお客さんによる売り上げはすべて係のもの。言うなれば、ちょっと言葉は悪いけど、係がお客さんを放し飼いにしているのが、クラブ風の飲み方遊び方。係だけしか馴染みのホステスを作らないお客さんもいれば、係とヘルプホステス二人って合計三人くらいの仲良くしているホステスと飲むのも好きなお客さんもいれば、係はあえて作らず、仲の良いヘルプホステスだけ四人いるとか、その席の在り方はさまざまで、キャバクラよりお客さんを囲む図のバリエーションが多いのが、クラブ。

それでは、そんな従来の（古風な）クラブで、未経験の新人の女の子は、どう評価されるのかについて。クラブでは入店時に、お客さんを沢山持っていて売り上げが見込める「売り上げホステス」であるか、そうでないのか、で売り上げホステスか「ヘルプホステス」か、に立場が振り分けられる（売り上げホステスは、売り上げ、ヘルプホステスはヘルプと呼ばれるので、以下はそう省略する）※5。未経験の女の子は、係のお客さんはいないので、みんなヘルプから。そしてヘルプの評価方法は、とてもシンプルで、「同伴すること」、それのみ※6。

「同伴」っていうのは、お店がはじまる前にどこかで待ち合わせしてお食事とかをして、そのあと一緒にお店に同伴出勤することの略で、ヘルプホステスたちは、月四回だとか六回だとか時給水準に応じて同伴回数にノルマがあり、ノルマにとどかなかったらその分お給料が引かれる。ちなみに、月間で全部で何回か、だけでもなく、月に数回ある指定の強制同伴日※7に同伴できなかったら一回できない毎にその日の日給の百パーセント引き（つまり一日ただ働き）、みたいなルールになっている。

なので、クラブで売り上げでやっていないヘルプホステスにとって、お店で高いシャンパンなんてあけてもらっても十人連れてきてもらっても別に嬉しくないけど、一回同伴してもらえたらそれはめちゃくちゃ助かる話で、お店で一晩に二十万使ってもらうよりも、さくっと五万円で帰ってもらって二回同伴してもらうほうが、はるかに彼女にとって嬉しいもの。飲みなれているお客

※5　ちょっと売り上げもある「半売り半ヘル」（半分売り上げ半分ヘルプ）みたいな契約もあるのだが、細かく説明すぎるとわけがわからなくなるので、ここでは基本的に。
※6　クラブでは、ヘルプは同伴にノルマを、一方売り上げホステスは売り上げ額にノルマを持つのが通常。
※7　この日は絶対同伴してくださいね、という指定の日。でも同伴強制日ってお店が一番空きそうな月曜日とかにだいたい設定されているので、月曜日の六時半から飲むって約束取りつけられないと、同伴ノルマってなかなかこなせません。

さんからしたらそのシステムはわかってるわけで、「係じゃないけど仲良くしてるヘルプの子」に対しては、同伴はお客さんがいつもありがとうを示してあげる方法だったり、純粋な好意で同伴してあげるわけです。

なるほど、じゃあヘルプの女の子はお客さんにいっぱい同伴してもらえばいいと言われそうだが、ここで問題なのが、「来ているお客さんとお店で楽しくお話する」、とか「来店時に指名をもらう」ことに比べて、同伴一回するっていうのはホステスにとってははるかに難易度があがるお仕事なんである。なんでかって言うと、同伴っていうのは、向こうの飲みたい気分の時のふらっと「寄ってみた」っていう気まぐれに発生し得る来店とは違って、相手との予定を立てられることが必要だから。それに同伴って、お店によって決められている女の子の「同伴時の出勤時間」までに（だいたい八時半とか九時）にお店に到着しなくちゃいけないとか、だからホステス時間で悠長にご飯食べるとしたら平日夜七時には待ち合わせしなきゃいけないとか、いろいろ状況的な制約もあってメンドクサイし、同伴って二次会の会費が最低五万円とかがマストの食事会の約束をするということで、お客さんからすると、まあ、夜のボランティアみたいなものである。

だから同伴してでも時間をとってゆっくり食事したいと思う女の子だとか、その子の仕事を助けてあげようと思える女の子か、お客さん側にそれなりの好意がないと成立しにくいもので、少なくとも「あ、そういえば愛ちゃんも呼んでよ」ってお店で言ってもらうよりも強い好意がお客さん側に必要だ。ご飯連れて行ってくださいは同伴にお誘いするお決まりの言葉だけど、「一緒にご飯食べたいけど早い時間は難しいからアフターでご飯行こうよ（いや、同伴でお願いします……）」「同伴してあげたいけど七時には仕事が終わらないんだよ～ごめんね（え～ん……）」「ご飯食べるなら○○ちゃんがお店休みの日にしようよ（ため息）」「お泊まりデートしてくれたら同伴しよう（おい）」っていうのが、とまあよくある壁。ホステスにとっても仲良くしているお客さんの中でも同伴してくれるお客さんっていうのはそのうち一握りになるし、お客さん側からしても、仲良くしてる女の子が銀座・六本木の何軒かあるクラブに合計十人いるとしたって、同伴するのはそのうちたかがほんの数人、みたいなもの。

売り上げホステスのノルマは売り上げ額で、ヘルプは、同伴の回数――とそれが名古屋のクラブでも銀座のクラブでも、ちょこちょこ私がのぞいた「クラブ」という業態のお店のスタンダードだったのだが※8、私の働いていた六本木のクラブは、新しいタイプのお店で、永久指名の係以外にも、自動継続性のない、毎回リフレッシュされるヘルプホステスに対する指名制があって、ホステスおなじみの成績のグラフに反映されるホステスの評価は、指名が三ポイント、同伴は二ポイント、ヘルプの指名が一ポイントと、ポイントに換算されたもので表示された（このあたり、ちょっとキャバクラに近い感じ）。そして、それぞれ二千円とか三千円とかの指名バックや同伴バックがあった。

ヘルプの仕事のなかでは同伴が一番ポイントが稼ぎやすいので、ヘルプにとって、同伴の価値が一番高いのは同じ。でもそういうシステムだと、指名をもらえばそれはそれでちゃんと評価され、それは働く側にとって、すごく大きな体感の違いを生む。例えば係が舞さんのお客さんが四人で来店して、席についた女の子数人のうち、沙織さんと恵さんが特に上手に席を盛り上げて、お客さんに居心地のいい時間を提供できたとする時、同伴しか評価軸のないクラブだったらその場面の価値にたいして、タイムリーで明確な報酬は無い。せいぜい、「えーまた戻ってきてよ！」って黒服とか係のお姉さんに、「リクエスト」をされるのが関の山なのだが（でもヘルプの女の子にとってそこに明確なメリットは無いわけで）、ヘルプホステスにもはっきりと指名のつくクラブは、席でいい仕事をした場合の評価が、指名という形でタイムリーにはっきりつく。

そこにウエイトレスのバイトで料理のオーダーを取る時のほんの一瞬のやりとりより、はるかに自分らしく物事に対応する余地があって、それが面白いのは、そのタイムリーで明確な評価システムがあるせい。同伴してくれるお客さんが一番有り難いのは同じだが、ゼロはゼロだがグラフのなかで一ポイントは足されて積み上がっていくし、指名とったら取った分の指名のバックもある。女の子たちは、つく席つく席その席で指名が一本入るか入らないかで自分の給料も評価も変わるので、流しの席、つなぎでついてるだけって感覚の席が限りなく減って、どこでもわりと一生懸命仕事をすることになる。

同伴しか基準がない場所では、席でいい接客すると、売り上げのお姐さんに気に入られて、お姐さんに気に入られれば、お姐さんの席にいっぱいつけてもらって、アフターとか付き合いよくいっぱいいって（＝サービス残業いっぱいして）、その結果月に一回か二回くらいお姉さんの二対二の同伴に呼んでもらうっておこぼれもらえるかも、みたいに回り回ってペイされるようにはなっているのだけど、そのすべてがとにもかくにもインダイレクトで価値提供から明確なメリットの帰結を迎えるまでが、長くて、誰もがその遠い道のりをてくてく、ちゃんと意識高く仕事で

※8（前頁）夜のお店って、六本木は絶対こう、歌舞伎町はすべてこう、銀座はこう、と場所でぱっきり同じお店のルールでまわっているわけではないので、お店間によってルールも違えば、システムも日々変わるので、あくまで「そういうお店が多い」の傾向として。

きるかといわれると、ちょっと性善説。そのつど指名という形でしっかり評価されるほうが、「来月の同伴にもしかしたらつながるかも」っていう未来のわずかな可能性より、ヘルプの女の子にとっては、感情的によほど明朗会計。

私が働いていたお店の社長は、お店にとっての女の子の仕事の価値は、同伴五回で指名五十本相当、八回で八十本相当、十回で百本相当※9で、だいたい同伴コンスタントに月十回できたら一人前のホステス、十五回で一流ホステス、十八回で超一流って私に言ったことがあった。だいたいこの例えから理解してもらえるかのように、指名と同伴ではまず積み上げられる桁がまず違う。週五出勤の新人ホステスの女の子が一日平均五つの席についたとして、一日に二本ずつくらい指名をもらったとして、一か月で彼女の経験する指名数は約四十本。それだけはっきり明確な「勝ち・価値」を作る経験をするということと、ただ「けっこう仲良く話せた〝かも〟」「いい感触だった〝かも〟」と感じるだけでは人の成長が全然違う。答え合わせのできるドリルを沢山やったほうが基礎力がつくのと同じこと。それにホステスとしての成功体験がたま〜にしかない同伴にしか感じられないような環境と日々とるチャンスが転がってる指名も明瞭にカウントされていく場合では、女の子の体感も成長も全然違うし、判定が明確な場所でそうやって成功体験を積み重ねてホステス業にもはまっていく。

指名が評価項目にあることのもうひとつの大きなメリットは、「ヘルプの女の子にとって、意味のあるお客さん（=相手をする意味のあるお客さん）」の間口が、同伴一辺倒の評価の場所よりずっと広くなるところ。同伴って、基本的に七時前に待ち合わせて八時半くらいにはお店に入る、っていうものなので、そういう飲み方をそもそもするタイプのお客さんって、そのお店にいるお客さんの全体数から、けっこう絞られる。例えば仕事仲間と複数で夜十一時だとかの遅い時間だとか会食や接待の二軒目や三軒目で飲みにでは来るけど、早い時間には絶対仕事が終わらないお客さん。そういうお客さんはけっこう多いが、それって女の子目線で見ると「同伴しないタイプのお客さん」なわけで、同伴しか評価基準の無いお店のヘルプだと、もうそのスタイルだけで、営業努力をする価値が無いも同然なお客さんになってしまう（絶対同伴とかしない人だったのに、ある女の子とスパークしてから毎週同伴する人に変わりました、みたいなことも中にはあるけども）。

※9　指名が排他的でその価値がもっと重いキャバクラではただの指名の価値はもっと高くなる。

それに同伴はお客さんの厚意か好意なのだが、同伴してくれる気持ちっていうのは、基本的にわりと重い。少なくともお店のなかだけで数回指名をもらう好意よりは重い好意が相手に必要だ。でも、そんな重い好意しか向けられなかったら（それに対応することだけが仕事だったら）、新人の女の子はすぐ嫌になる。「え、こんな大変な思いしなきゃいけないの？」って。

つまり同伴しかヘルプホステスの仕事の明確な評価基準がないと、営業対象も絞られれば内容的にも重いわで、すぐ結果として評価される仕事が少ないから初心者にとっては仕事におもしろみが感じづらい。だから同伴一辺倒のクラブのヘルプは、ヘルプといっても上級者向けの、同伴に至る前段階をどう紡ぐか感覚としてもう分かってる人向け。

それに対して、指名も同伴も評価してもらえる場所では仕事内容にも濃淡が持てる。夜十時にしか来ないお客さんでも、指名もちゃんと女の子の成績にカウントされる場所では、それはそれで一ポイントだし、指名バックもある。同伴してくれるお客さんよりおいしさは減っちゃっても、それでもそれだとどれだけ相手をしても何にもならないより、はるかにいい。来店だけでもメリットと思えていれば営業すべきお客さんはそんなに限定されなくて、精神的にずっと楽だ。選択肢を広く持てることが素人にとってやりやすいわけで、そうやって指名とることを大事にして比較的軽めのお客さんが一定数いれば、たまに重いなーってお客さんが居ても、まあそういうところもあるか、って思えるし、そんな重い好意との向き合い方もそのうち覚える。それはいつまでたっても疲れるものだけど、「こういう時もある」って思えることと、「もうこんなんばっかり」と感じることは全然ちがう体感だ。指名も明確な評価基準としてあれば、浅い好意を沢山拾うことである程度成績も出るし、その場で一生懸命仕事すればそこそこ指名もとれて、指名とれれば仕事もおもしろくなるもので、指名続けてればそのうち同伴にもつながるもので、ひたすらに良い循環。

ハッキリとした指名制度は、複数接客の良いところだけが生きる魔法

また、ハッキリとした指名制度は、「複数接客の良いところだけ」が生きる魔法でもあるのです。複数指名の世界はキャバクラの本指名みたいに指名が必ずしも排他的ではないので、お客さんが再来するための理由を自分ひとりでいつも百パーセント背負わないといけない必要もなくて、いわゆるキャバクラの本指名をとるよりも難易度が低い仕事も沢山ある。たとえば、お店にさゆり

ちゃん指名ですでに週一のペースで来店しているお客さんの指名のプラスワンになる形で指名をもらいはじめることも多くて、その場合は「すでに来店の流れがあってぽんぽんお店に来るお客さん」に乗っかれる、「あ、りのちゃんも呼んでよ（おまけで）」って種類の仕事なので、自分ひとりしか指名しないお客さんに比べて、負担がとっても軽い。それに、先輩のホステスとそうやってお客さんを共有している環境は、他の女の子はこうやって仕事してるんだって見えやすくて、学びやすい。ちなみに「りのちゃん」は私がお店で使ってた名前です。

そして、はっきりとした指名は、なんといっても席の空気の交通整理をしてくれるのです……！　どんなシステムにも一長一短があるように、複数接客だから他の女の子の仕事が見えやすくて学びやすいのはプラスの要素なら、でも他の人がいるからこそマンツーマンより他の女の子に気を遣ったりそういうシンプルではない部分もできるわけだが、その「めんどくさい部分」のほうを限りなく減らしてくれるのも、「指名」だ。クラブっていう女のエゴと仕事が混ざるような場所で、指名って形で「お客さんの気持ち」が、その場にいる人すべてに明確に見えるようになるっていうのは、そこの空気感の最適化がはるかにされやすくなる要素。個人的に好きかは置いておいても、お客さんがこの子を気に入ってるんだなってハッキリ分かれば他の女の子たちはそれに合わせられるし（合わせるしかないし）、そういう「お客さんの気持ちがハッキリ可視化されてる」状況下のほうが、新しい魅力に対して、お客さんの席の形が再構築される柔軟性が高くなる。

そして「複数接客の場所でまわりとうまくやりつつも対お客さんで個性を出す」っていうのは、マンツーマンの会話で対お客さんに個性を出すよりも難易度があがるのだが、そこに指名があると、新人の女の子にとっては自分の個性をお客さんに出すことの難易度が下がってくれる。だって自分より長いお姉さんとか、先輩ホステスとか、四方八方に気を遣いながら「相手になんとなく好かれてる雰囲気（自分にしか分からない）」なかでおしゃべりしなくちゃいけないよりも、誰の目にも明確な「指名」に守られていてこそ、そんななかでの自分らしさも、出しやすくなる。

私はこの「ヘルプホステスの立ち位置を明確にハッキリさせる指名制」がそこになかったら、ただちょこんって座って、無駄に色んな方面に気を遣って、終わったと思う。銀座のクラブに体験入店したときに、クラブのママが、ヘルプの女の子に「当たり障りないことばかり言ってないで、もっと自分を出してごらんよ」ってエレベーターの中できつめに言っていたことがあったのだが、そんな萎縮させるような言い方で「出せ！」って言われたって、どうしていいのかわからなくて、考えすぎて、よけい引っ込む……。でも指名って形でお客さんにわかりやすく肯定されたら、あなたいいね、の呼び水を感じられたら、精神的にリラックスしてやれて、自分のいい色が自然に出るから。

そんなふうに、ゴールが到達可能そうなところにあって、空気が軽めで、仕事の種類に幅があって、お客さんの気持ちって信号があって、まわりにお手本もあって……で、その場所は、素人の女の子、ふつうにふつーの子がすごくのりやすいシステムだった。私もまさにそうで、軽い仕事もあって普通っぽい子もいっぱいいる素人に優しい環境で、「目の前の到達可能なものにつられて」じゃないけど、どうしたらこの席で指名とれるか、どうしたらまた次も指名もらえるか、そんなこと繰り返しているうちに、仕事できるようになった、みたいな感じである。

ホステスの仕事その三：ホステスは長時間労働です

初めて会ったお客さんの指名をとるってことが基本的になんの痛みもない明るい作業であるのに対して、指名を継続するっていうことにこそホステスの仕事の大変さはある。毎回流しのお客さんとその場だけのおしゃべりをするだけでよかったら、深まらないし限定的だから楽だけど、ホステス業の本当のおもしろさも分からない。継続性があってこそ、考えることの深度もやれることの幅も圧倒的にひろがって、でもそれは感じることや考えることが活かせるのと同時に、その無限さはつらいところでもある。

ホステスの仕事ってイコールお店が開いている時間、ではない。夜八時とかからお店が開いて十二時や一時に閉まって、その五・六時間で何万円とかもらって割のいい仕事、とそれは思われがちで、というか私も実際そう思っていたのだが、実際にはお店の前にお客さんとお食事したりとか（同伴）、お店のあとにどこかにもう一軒飲みに行ったりカラオケ行ったり（アフター）で前後二時間ずつくらいプラスの労働時間なのは初期設定値。遅くまで長引くアフターとか、朝五時までとかになったりするので、労働時間ははた目に見えるよりずっと長い。そして物理的にお客さんの目の前にいなくても同じくらいに時間を割くのは、昼間の携帯を介した営業時間。携帯のおかげで友達や恋人とも、デートやごはんに行って別れたら次の約束までもう全然しゃべれないけどバイバイ、じゃなくてずっといつでもつながっていられるようになったように、ホステスとお客さんの関係もまた然り。相手がお店に来ているときだけスイッチが入って出た瞬間にオフになるそんな便利な人間関係というものはなくて、ホステスとお客さんは断続的なお店での時間を挟んだ継続した人間関係のなかにいる。そのお店にいない時間のなかで、いかに自分を印象づけたり、相手の心に画面越しに寄り添えたりだとかできる女の子が指名がとれるのであって、ホステスの連絡は、「寒くなってきましたけどお加減いかがですか〜♪」なんて四半期一回ずつの季節の挨拶とかだけでは全然ないのだ。ホステスの気遣いとかっていうとお歳暮送ったりだとか手書きの手紙書いたりだとかがフィーチャーされがちだが、年一回お歳暮贈るよりずっと大事なのが、常日ごろのちょこちょことした連絡だとか、相手との継続的なつながり。

ホステスの商品である「自分をちょっと幸せにしてくれる人間関係」は本物の人間関係と同じ文法でつむがれていて、それはホステスが営業時間以外も、同伴中・アフター中・そして昼間の時間を含めて継続的に仕事をするっていう努力で成り立っていて、ひとりひとりにそれを届けることは、ホステスのプライベートタイムを食い尽くす。

まめなホステスが昼間にお客さんにいれるメール（今でいう、ＬＩＮＥでの連絡）って一日二桁、ときに三桁にのぼる。名前だけ変えた一斉メールを三十人に送ったとしても、そのうち半分がなんらかのレスを返してくれたとして数往復のやりとりをしたらあっという間に数十通だし、なかには、友達くらい・以上に密な連絡が必要なお客さんもいる。帰ったら電話、とかランチタイムにメール、とか。でも、お客さんにとってホステスはひとりでも（もしくは一店につき数人でも）、ホステスひとりにとってお客さんはいっぱいいる。私はまめさが売りなホステスではなかったのでそこまでメールずっとしているってことはなかったけれど、まめな女の子っていうのは、本当に文字通り一日中ずっとお客さんをメールをしているし、ママやナンバーワンのお姉さんとかって、お客さんでもない私なんぞからする仕事のメールにも瞬殺で返事返ってきて、その打てば響くようなスタンバイ感って、すごい。

お客さんがなんでそんな高いお金払って飲みにくるかって、やっぱそりゃそこを起点として繰り広げられている・られ得る人間関係に惹かれるものがあるから飲みに行くのだ。独立した二時間だけに何万円も何十万も払うんじゃなくて、そこを起点として繰り広げられている人間関係のなかにいるメンバーシップみたいなものにお金を払っているのだ。なにかの本か雑誌かで、ある銀座のママが「銀座って一晩のぞいて十万使っただけじゃ、何も分からない。そうね、三百万くらい使っていただいたら、ほんの少〜し、わかるかしら……」って言うフレーズを読んだ時、めずらしく水商売を過度に美化せずその本質を捉えた上手な言葉だなって思った。言語化されない世界の片鱗をちょっとだけ見せてかつ言い得ていて、まあ彼女はそこで止めることで「なんでわからないのか」を最終的には言わずにそうやってけむに巻いているわけですが、その通りで、キャバクラもクラブも、その場のスナップショットで理解しきれるわけ、ないんである。お店での瞬間も接客風景も継続性のなかの一場面にすぎなくて、それ単体だけで独立しているものではない。逆に言えばお店の中で一緒に居る時間なんて、「一番楽な」瞬間で、そこまでもってくほうが大変なんである。「これがナンバーワンの接客だ！」的なことテレビで見せても、確かに会話が上手な人はいるけれど、ナンバーワンと普通のホステスの仕事の違いって、その一瞬を取り巻くそれ以外の同伴アフター含めたそれを縁取る時間のほうで。ホステスのお給料、お店の営業時間で割れば高給だけど、トップホステスになればホステスの仕事は携帯の画面を通して一日中にずっとひろがっていて、一日十時間とか十五時間とかで割るのが実際の妥当な計算になる。

とはいえ「メールで相手する」って、聞こえるよりけっこう大変だ。なんでも送っときゃいいってわけではなくて、相手に自分を印象づけたい、思い出してもらいたいって送るメールでは色々くる営業メールのなかで相手の目に留まるような内容じゃなくちゃいけないし、行ったり来たりのやりとりのなかであれば、そのなかで常に相手が求めている反応を与えてあげるメール上での合いの手上手・リアクション上手がその会話が盛り上がる理由だし、かといってそんなやりとりのなかで今なにしてるのとか今から会おうよとか言うお客さんだっていっぱいいるし、でもそのどれにもイラつきの破片も見せずにその全部を来店につながるようにやりとりするって、大変。時間を使うだけじゃなくて、その間ずっと、心も使う。

ホステスの仕事その四：仕事じゃないように仕事するのが仕事

そして携帯越しでも、一緒にいる時でも、常に「仕事じゃないかのように仕事をすること」が、お仕事なのです。美容師でもネイリストでも、会話をふくむサービス業で顧客側が指名する制度のものは、本当の「友達」でなくても、まるで友達みたいな時間をつむいでくれる人が好まれる。誰だって、「仕事だから自分としゃべっている」と感じさせないような相手のほうが好きだ。ホステスもまた然りで、営業であることを感じさせないメール、仕事であることを感じさせないような雰囲気で、「まるで仕事じゃないかのような」雰囲気で接してくれる女の子が好まれる。だって、いちいち買ってることを思い出させられるものに人間安らげないし、買っていても買っていることを忘れているほうがしあわせだから。接待とかで自分のお客さんを連れて行って「あの子はちゃんといい仕事してくれる（仕事ができる）」って認められることと、自分への対応が「仕事っぽい」のとは全然違って、前者は喜ばれるけれど、後者は興ざめされる。だから、どれだけ努力をしてもそれを意識的な仕事に見せないことも仕事だ。

お客さんは、ホステスにお店で会った時点で、彼女は仕事でそこにいるって分かっている。分かっているんだけど、でもその前提をもとにしながらも、水商売の世界は人間の愛おしさと愚かしさのはざまに存在するもので、その前提はお客さんとの人間関係の発展とともにどんどんぼけていき、その前提を共通認識として振る舞う事がどんどんできなくなっていく。それは「言えなくなる」というか、仮に冗談でそう言えても、心でそう感じさせたらいけない仕事なのだ。でも、それってつらいよ。それだけ相手の心に近づきながら、「でもそれは仕事だから」ってどこかで宣言することができない仕事って、つらい。会社の営業担当なら土日の仕事のＥメールに月曜日（翌営業日）に返信したってなんの問題もないけれど、仕事じゃないように仕事しなくちゃいけないホステスは、「土日はお仕事しないので♪」なんて言えないし。自分のことをすごい好きなお客さんってすぐヤキモチやくし嫉妬するし、土曜日の昼間に来たメールに月曜日に返信とかしたら、すねる。でも、そういう相手の気持ちにできるだけ付き合ってそんな「心あるいい仕事」すればするほど、お客さんは幻想を抱き、ホステスに本気になって口説く。アーメン。

成果主義とがんばる神話の統治する夜の世界

このあたりで、ちょっとクラブの世界の文化や雰囲気についても。水商売はふまじめで適当に見えるかもしれないが、六本木の高級クラブくらい高エネルギーで夜の世界のなかでハイレベルな場所って、文化としてはルールがあって組織があって、ルールのもとに組織のなかで成果を競うって、それはけっこうまじめなものでもある。とはいえ万人がまじめなわけではなく、そこにはお店で生真面目に頑張ろうとする仕事意識の高いタイプの女の子と、お金さえもらえれば仕事の仕方とか形態は気にしない女の子がいるのだが。具体的にいうと後者は、お客さんに直接お金をもらって食事してホテル付き合うとか、愛人になるとか、お店とかに来てもらうより個人的に会ってなんか買ってもらう、とか、まあそういう「ゆるーく」水商売するタイプで、どんなふうに稼いだお金だとかに頓着を持たない。

水商売って、基本的にお客さんに対してそこまでうま味のない話（ただ一緒に飲むだけ）を期待とか幻想とか場所代とか色んなものをこめたプレミアのっけて超高額で提供しているものなので、お客さんが、いやその分きみに直接全部あげるからお店の外で会おうよ、とか言い出すのは極めて自然な話だ。女の子にとっても、お客さんにお店で十万円使ってもらっても、時給や指名バックなどの形を介してその落とされた金額からの自分の実際の収入になるのはその数分の一な訳で、それを何回も繰り返さないと自分の十万円の収入にはならないし、薄利な話だ。それでもお店じゃなくて外で会おうとお客さんにゴネられながらもお店に呼んで「店を経由して間接的にお金を稼ぐ」のが前者の仕事意識の高いホステス、いわゆるまじめなホステスで、直接お金もらうのでいいやってなるのが、後者。お客さんによって使い分けますって人もいるので、ふたつにはっきりとは分かれきれないことも多いけども。

そんなふうに「まじめに稼ぐか」「ふまじめ（?）に稼ぐか」の個人の仕事意識は様々だけど、その両方を包括するその世界の土壌は成果主義をひたすら具現化したみたいな場所だ。更衣室にはバーンと大きく女の子の成績表のグラフが貼られていてそれは毎日更新され、成績表のグラフの名前の位置も、女の子の出勤タイムカードも、前月の成績の順位に合わせてナンバーワンから順番に名前が並ぶ。全員参加の月例ミーティングでは女の子の成績は仰々しく表彰されて、拍手されて、みたいな儀礼的な行為があって、もちろんミーティングでの女の子の席次も成績順に一番から上座から順番だ。その順位をどれだけ気にしているかは人によりけりの様々なものだが、別にその意義やロマンを信じていようがいまいが、そのヒエラルキーをとことん可視化して、それをその世界の全体で共有することは、その世界を成立させるために、必要。結局一位も二位も、それを一位だ二位だと騒いでくれる土壌があってこそ成立するのだから。可視化された数字を焚き付けてがんばらせるのは、成績優秀者を張り出す進学校も、水商売もおんなじで。

そんな夜の世界には、どこかで「がんばることは善」という文化が存在する。その世界では誰でもゼロスタートが切れて、かつ、ひとつの努力が目に見える形になる瞬間までが、短い。お酒を飲めば売り上げが上がり、営業努力をあげればその月の収入があがり、それは偏差値二十あげようとか憧れの企業に転職したいとかに比べて、努力っていうインプットが形あるものとして実を結ぶまでの時間が速いし、その努力は気持ちや意識ひとつで出力可能なものが多い。それは「自分」も「人間関係」も誰もがナチュラルにもっているものを意識的なものにし、誰もが普段やっているようなことを意識的に磨き込んだところに値札がつく場所だからだ。そうやって「がんばれば」成功することができる場所だからこそ、「がんばって」目標達成するとか、夢を叶えるとか、そういうものが校則だか社則のようにかがやく。そこでの「がんばる」は、個人のコミットメント値をひきあげることを説明する万能な言葉で、そこでは「がんばることは善！」みたいな暗黙のスローガンみたいなものが空気の中に織り込まれていて、まじめな女の子ほど、がんばる神話の渦に巻き込まれる。

でも、じゃあ、クラブで「がんばる」ってなに？　どういうことするの？　行動指針の目安として、クラブでのヘルプの働き方ってだいたい二種類に分かれる。それは契約形態とかで分かれるのではなく、女の子の気質・資質で自然に分かれていくもの。ひとつめは、担当のお客さん（係のお客さん）を沢山持っているママや売り上げのお姐さんに好まれて彼女たちに使われるやり方。例えば、由美さんという売り上げホステスとさゆりちゃんというヘルプホステスがいるとする。さゆりちゃんは由美さんがいつ頼んでもアフターのカラオケももう一件の食事も必ず来てくれるし、ゴルフだとかの休日のお付き合いも付き合いがいい。それはご恩と奉公の関係で、日頃のさゆりちゃんのかいがいしい働きぶりを気に入っている由美さんは、自分のお客さんが来店すれば彼女を席につけるし、さゆりちゃんが強制同伴日※10にさゆりちゃんが同伴の予定に困っていたら、自分のお客さんとさゆりちゃんの同伴のセッティングをしてあげて、さゆりちゃんが罰金とられないよう守ってあげたりもする。

こういう働きかたは、お客さんに直接選ばれるというよりも、係に選ばれる働き方。でもそれは、「上司を選んで」でも「自分で仕事を逐一は選ばない」という上に成立する。つまり、仕事のピースを逐一検討するのではなく、発注先のお姉さんを選んで、その人からもらう仕事を一括受注する、ということ。例えば、同じお姉さんのお客さんでも、このお客さんのアフターはいいけれどこのお客さんはすっごい口説いてくるから一緒にアフターとか行きたくないとか言えない。今週末の休日の付き合いゴルフが、そも「今のタイミングでそれってどうしても必要なのか」とかを考えても判断しても、間違っても意見してもダメ。アフターも、明け方三時までなら付き合えるけど五時までは明日にひびくから無理とか、そういうことも言えない。さすがに「お客さんと寝てこい」というレベルのことに対してはやらなくてもよかろうが、だいたいのものは全部、自分の思考や判断というよりも、係の意向・働き方・価値観に全面的に従うやり方。そこには、言わ

※10　お店に決められている、必ず同伴をしなければいけない月に数日ある日。

れたことをやっておけばなんとかなる、たいして考えて仕事をしなくてもいい楽さと、仕事を逐一選べないつらさがセットである。仕事のデキる良い係のお姉さんはまあまあ良識的で、ちゃんとリターンをくれて（同伴沢山つけてくれるとか※11）、仕事ができない変なお姉さんを選ぶと、こき使われて、たいしてリターンがもたらされないことになる。この極みは、兵隊ヘルプと呼ばれます。

それに対してもうひとつは、周囲とも適宜うまくはやりつつも、もうちょっと「対お客さん」、で働く働き方。係に望まれるのではなくてお客さんにはっきり○○ちゃん指名で、とか今度ご飯でもいこう（同伴のお誘い）って望まれる方法。この場合、素晴らしいのは、自分は何を由として何が嫌なのかを自分でコントロールする、「仕事を選ぶ自由」がそこに断然大きくあること。対お客さんで、逐一仕事を選べるってことは、ただのルーティーン化してる無意味な明け方までのカラオケアフターに延々付き合うとか、人数合わせで頼まれる自分である必要性はゼロのアフターに行くとか※12、そのあとお客さんにタクシーで送られる途中にふたりでもう一軒行こうとか誘われるとか、しつこくキスされそうになるとかそんな若干の拷問タイムを受け流すしかない受難からフリーでいられるところ。でもこの場合は、自分の行動の結果に自分が全部さらされるから、自分でまずまず仕事ができる子じゃないと、こっちでやるのは難しい。

その二つの働き方では必要な能力は全く別のもので、前者に必要なのは、体力・付き合いの良さ・係に合わせられる力・上司の前で自我をコントロールする力・それから酔い客に対するセクハラ耐性度の高さであるのに対し、後者に必要なのは、ひとえに個人の営業能力・お客さんとの人間関係構築能力。基本的にクラブでヘルプが生き残るには、お客さんに選ばれて自分で指名とれるか、チームプレイであるクラブの特性の元にママや売上のお姉さんに囲われて働くか、のどちらか。どちらかひとつでもそれを高いレベルでやるって十分大変なのだが、そこで「がんばる」子って、「両方」やれるんです……。

新人の頃の私にとって、がんばるのお手本みたいなホステスは、すごく遠いナンバーワンのお姉さんというより、自分とお店での立場の近い奈々ちゃんという別のヘルプの女の子だった。北

※11　仕事ができるお姉さんは、ヘルプの女の子に自分のお客さんとその女の子の同伴を設定してあげるもの。
※12　お客さんが４人で来店してアフターで例えばゴルフバーに行こうだとかカラオケに行こうだとかなれば、係はアフターに付き合える女の子を４人確保しなくてはいけない。お客さんの気に入っている子が先約があったりして行けない場合・もしくはお客さんも特に気に入った女の子がいなくてほんとにどの子でもいいよ、という場合は係が誰かを用意することになる。

海道出身の彼女はほしのあきに似ていて、人当たりが良くて礼儀正しくてきっちりお仕事してお店ではルーキーっぽい立ち位置で、タバコを吸うのが意外に思えたくらい清楚な雰囲気の女の子だった。奈々ちゃんと私は入店時期も年齢も近く、成績も奈々ちゃんのほうがちょっと上だけどそこまで大きな違いもなくて、一緒に指名をもらっているお客さんもちらほらいて……と共通の話題が多かったことでちょこちょこ話すようになり、そのうち仕事終わりに朝までやってる岩盤浴に一緒に行ったりするようになった。でも奈々ちゃんと話すにつれて、成績の数字以上に全然違う自分たちの働き方に私はたびたびびっくりした。

奈々ちゃんはいわゆるママのお気に入りのヘルプで、それゆえにほとんど連日朝の五時までアフターだったのだが、それ以上に私を驚かせたのは、奈々ちゃんのお客さんへの携帯メールのマメさである（今で言う、ＬＩＮＥ）。

奈々ちゃんとそんな話をするまで、私にとってお客さんとの関係は基本的にお店の中の時間と同伴の時間の中で構築するもので、携帯メールはその関係維持のツールでこそあれ、メールでお客さんをふりむかせるという認識は全然なかった。指名してくれたお客さんにこそ時々連絡はしていたけれど、一度も指名もらったことのないお客さんとかは一度連絡してレスがなければその後は連絡することもしていなくて、メル友的な存在で関係構築をしていく発想だとかを全く持ち合わせていなかった。そんなこと言ってる私に奈々ちゃんは「一回送って返事なかったら諦めちゃうの？　それ、プライベートの感覚（笑）」とかわいく笑って、メールに返事までしなくても「読んでる」お客さんはいると言った。

「一通目に返事しない＝興味ない」だと思っていた私は、「返事しないけどメール読んでナンカ思ってる」お客さんがいるなんて考えたこともなかったから、奈々ちゃんの「三か月くらいメールをときどき送っていて、最近少し連絡が返ってくるようになって、もうちょっとで指名とれそうかなって思うお店のお客さん」の話のくだりで、二か月間メールを一度も返さなかったのに三か月目にレスしだす人がいるっていうことにもびっくりしたし、一度も指名もらってなくて二か月メールのレスもありもしないのにそれでも送り続ける女の子がいることにもびっくりしたし、そのあとにそれが指名につながるケースもあるということの三層立てくらいにびっくりした。

三歩くらい譲って、「指名もらったことなくて、三か月送り続けて、その間お店に来ていなかった」のならまだわかる（それもすごいけど）。でも奈々ちゃんとの会話で、「メールし続けていて、ときどき返事も来たり来なかったりで、その間お店で見かけてもいるお客さん」の存在とかを知り、「それって存在無視されてる気分にならない?!」と言ったら、「もうちょっとで指名取れそう」ってなる場合と、「ああ私はタイプじゃないんだな〜」って諦めに着地する場合の二種類があると言っていて、わたしはお店で見かけるお客さんで自分のことを指名してくれないお客さんにメールなんて送り続けたら迷惑かもとか思ってしまいそう、と思っている自分は、それは普通の社会では多分常識的な感覚だけど、クラブのホステス的には全然違うんだな、と気づかされた。五回メールして返信なくてそれでも連絡するのは昼間の社会では迷惑な人だけれど、ホステスの世界ではそんなの当たり前の、「あ」、くらいで。

決定的に私の顎を外したのは、彼女が見せてくれた、携帯のお客さんの整理方法。「〝毎日連絡〟、〝三日に一回連絡〟、〝十日に一回連絡〟」のお客さんのグループに分かれていて、わたしはしょっちゅう同伴してもらっているお客さんでも一週間に一・二度、それも思いついた時にくらいしか連絡しないかもっていう感じだったので、「十日に一度って、それが一番連絡しない頻度ってこと?!?!?! 毎日連絡って、何メールするの???」と驚愕した。

毎日アフターの奈々ちゃんに比べ、私が極力アフターに行かないホステスだったのには理由がある。入店して三ヶ月目くらいまでは、グループのお客さんのわいわい系のアフターとかに、頼まれれば毎日くらいつきあっていた頃もあったのだが、三ヶ月くらいそんな日が続いた頃、グループでアフターに行って、帰り道にお店ではすごくさっぱりした明るいお客さんにキスされそうになって、びっくりしすぎて拒否したら気まずくなってしまって、その日以来指名してもらえなくなった、っていうことがあった。「お店の中だからだめ」みたいな自分の感情と関係のない言い訳が通用するお店のなかは楽だけど、一歩出ると、そんなかわしじゃーだめなんです。それは、あんなさっぱりしてるお客さんでも、そういうこととかするの?！っていう洗礼だった。お店にはしょっちゅう来る楽しいお客さんだっただけに、指名されなくなっちゃったあとに、遠くからそのお客さんの席を見ながら「……アフター行かなければよかった……」という苦い想いが頭をかすめた。

ホステスにとって同じ指名一本でも負担の重い一本と軽い一本はあるので、さっぱりしたお客さんの軽い一本（なのによく来るとか一番ありがたい）を失うと、けっこう気持ち的に痛くて、「あのたいして行く必要のなかったアフター行かなければ、今でも楽しく話せたのになぁ（指名失わずにすんだのになぁ）……」って思いが頭をかすめた。ノルマがある同伴とちがってアフターは女の子側のサービスなのに、アフターつきあってお店のなかではないようなシチュエーションになって、断ってこじれてしまったら、それって損でしかないじゃん！　っていう気分と、こんなお客さんでも？！　っていう衝撃で、私はそれ以降はアフターは基本的に一切行かない働き方にしていた。

当時は大学生と言って仕事をしていたので、ママやお客さんの「アフター来れる？」に、「行きたいんですけど、明日一限から授業なんです。大学のキャンパスが高尾山で（これは本当！）七時に家出ないと間に合わなくってごめんなさい……」っていう言い訳してました。

アフターＮＧにして以降、アフター付き合いがよくなければ出来ない仕事は自動的に淘汰されたので、「自分にできる仕事を無理なく選んで」働いていたのだと思う。でも私にとって身近な友達である奈々ちゃんの努力をリアルに垣間見ることは、月例ミーティングの表彰なんかよりよほど自分を刺激した。そこにあるのはなんというか「やるべきじゃない努力」じゃなくて、なんていうか「ホワイトな努力」に思えたからだ。できる努力を追求することは良い事だっていう水商売の世界に漂う価値観に、私も例にもれずいつの間にか染められて、私、もっとできるんじゃないの？わたし、もっとがんばらくっちゃ——そう、思うようになっていった。見えるものは防御することができても、空気のように見えないものほど、人の心に入り込む。

そんな私は仕事の幅を増やそうと、一度引いた「アフターは無理！」って仕事の線引きを変えて、大人数なら……の条件で付き合いのアフターも行くようにした。一対一で口説かれるアフターはうんざりするけど、大人数のアフターっていうのは体力を使うだけで基本的に精神は消耗しない。そうやってなるべく週の半分くらいはアフターに付き合うようにして、昼間は奈々ちゃんを見習ってお客さんへの連絡を増やした。アフターと昼間の営業時間を増やすと、仕事は一気に倍くらい大変になる。同伴が多い私は仕事はスタートが早いから毎日夕方六時前には美容院にヘアセットに行ってそのままお客さんと食事してお店に行って、閉店時間の一時まで五時間お店で接客して、そのあとアフターでカラオケとかつくのを週五でやったら、お客さんと向き合っている時間だけで十時間、その間お気楽にしゃべっているように見えても、意識はずっと接待モードかどこかで意識的に振る舞っているわけだから（相手にもよるが）、エネルギーの消耗度合いは大きい。それにプラスして、昼間三時間営業メールに時間かけてだとか、ときどきお客さんと付き合いのランチとかとかお茶だとかに付き合えば、あっという間に一日十三時間とか仕事していることになる。「アフター無理なんです」をやめて極力付き合いよくしている私には、自分でとる指名以外にも、ママやお姉さんたちにもらうつけ指名※13だとかが一気に増え、出勤日数は変わらずとも仕事は倍くらいになった気がした。仕事がどんどん降ってくる、そんな感じだった。

そうして色んな席で、自分から取りにいく仕事が以前よりは増えた。つまり私のことを向こうから気に入ってくれて追っかけてきてくれて、わたしのことをすごく好きになってくれる人の相手をするのとは別の、もうちょっと自分から追いかける仕事たちだ。向こうから好感を持ってくれる人たちの前では限りなく素に近い雰囲気でいればいいのに対し、意図的に相手に自分が合わせて取る指名のほうが自分を消費する。以前より、感情に無理をしてする仕事が増えた。体力にも無理してする仕事が増えた。自分の自然な延長からもう少し意識の必要な仕事が増えた。どれとして決定的だったものはなかったと思うけれど、そのちょっとずつが束になって、重なる心と体の疲労がだんだん私の心の水はけを悪くさせていって、どこかで、心のなかのコップの水がその淵を超えて溢れてしまう瞬間があったのだと思う。仕事の仕方を変えだしたら、ちょっと増やしただけのつもりが、あっという間にパンクしてしまい、しばらくして私は、エネルギーを使い果たしたかのように軽度のうつ病になってしまった。二十歳の夏だった。

ホステスのぶつかる壁：自分の働き方を見つける

病気は綺麗に治るまでにはだいたい半年くらいかかって、最初のひと月思い切って全体にしたあとは、もう一か月は週三出勤、その翌月は週三、翌々月は週三ときどき週四、と体調と相談しながら徐々に戻していった。それでも、丸四か月かけても、仕事の内容的には病気になる前の週六日で働いていた自分の半分程度の仕事量までに戻すのが精一杯だった。予測できない自分の体調と自分の体調のむらに自分がうんざりし、今いったい何合目にいるのかもわからないままひたすら「元気になる」を待つ四カ月間は出口が見えずにけっこうつらいもので、私は一度病気になればありとあらゆることのすべてが止まってしまうということを思い知った。どれだけ頑張ろうが自分が倒れたらすべてパーで、自分っていう資本を回せなくなった時点でどんな可能性のある身からも何も生み出せなくなってしまうんだ、と。

でも、病気になったのは悪いことばかりではなかった。なぜならその時間は働き方を考え直す契機になったから。それまでは、できるできないの線引きのできる側のことは全部やろうとがんばるのが正しい、そう無意識に思っていた。でも、そうじゃないんだ、と思った。自分に可能な

※13（前頁）ヘルプホステスの指名は、お客さんからのものもあれば、係が入れることもでき、係からのものは「つけ指名」と呼ばれる。係の女性はお客さんの意思とは関係なく自分の裁量でつけ指名をいれることができ、アフターに来てもらう代わりにつけ指名を使う場合も多い。

ことのなかにも働き方なんていろいろあって、全部カバーするより自分に合う働き方をすることが必要なんだ、と痛感した。仕事の幅を増やそうとしたけれど、百二十パーセントで仕事して二か月で病気になってその回復に半年かかってその間仕事半分しかできないなら、そんなのマイナスでしかなくて、最初から一貫して八十パーセントで断絶なく働き続けるほうがずっと賢い。「できること」のなかにも意識的にやらないことを作ることは大事なことで、やるべきことを八十パーセント抑えてれば二十パーセントは、たとえそれががんばればできることでも、むしろやらないことがその八十パーセントをずっと続けるためには必要なんだと思った。疲れてる週の、行けば朝四時までになる人数合わせの頼まれアフター※14、「できるけど、やらない」。仕事で八方美人しない、正当派なオールマイティーのホステスになんてなれなくていい、お店のママになんて認めてもらわなくて全然構わない。全部完璧になんてしてたらもたないし、死んでまうわ！　なんて当たり前の結論なのだが、アメリカに行きたくて、できるできないのできる側にあるものは全部やるのが正しい、みたいに自分を追い立てていた自分に、それは当たり前ではないことだった。

でもがんばる神話に飲み込まれてる時は思うことが難しかったそのすべてをその時以降は心からそう思えて、そこまではっきり意識が変われたのは、病気になったことがすごく苦い薬だったからだ。なかなかすっきり治らなくて自分に苛立ちながら仕事面でもいろんな流れが止まってしまったことを痛感して、その期間がその時の自分にとって、それだけ暗くて苦しい時間だったから。

「もっともっと」の溢れている高エネルギーな夜の世界では、女の子がバーンアウト的にお店に来なくなるって、私個人の特異的な話ではない。新人の女の子が（あるいは、「今日からがんばる」と突然決めた女の子が）がんばって成績あがって、でも三ヵ月だとか半年の短期間で燃え尽きてパタっと来なくなることって、その場所で、よくあること。来なくなる子皆が皆バーンアウトなわけではなくて、こんなにがんばるよりお客さんに直接お金もらうほうがいいかなって判断したとかもあるので、みんながみんな心のバランスを崩して、という訳ではないし、「も〜疲れちゃった」くらいのこともあって、燃え尽きの度合いは様々なのだが、がんばる神話と成果主義の統治する夜の世界には、そういう落とし穴がある。

と、そんな風に一周回って仕事に対する意識が変わった私は、「どうやって楽に仕事の結果を作

※14　クラブではグループでするアフターがすごく多い。お客さんの人数分女の子も確保しないといけないから遅い時間になればなるほどアフターに行ける子も取り合いになるし、そんな時にお願いして快く引き受けてくれる女の子は売り上げのお姉さんやママには有り難い存在。

るか」を考えるようになった。それはがんばれば自分はいくらでも出てくるわけでもなくて自分っていうリソースは有限なのだと思ったから。それはできることは全部やるのがいいんだと思っていたときから、仕事の引き算を考えだしたとき。お客さんにとって「本当に意味のあることだけ」をして、それ以外削れるところは全部削る。

それはヘルプホステスの二つの働き方のうちで、対お客さんで自分でつくる仕事を選んで、人に使われる仕事は捨てたときでもあったのだが、それが可能だったのは、その場所で、ヘルプホステスに対するはっきりとした指名制があったから、でもある。

指名って、今までどうだったかとか、係の意図よりも、「今のお客さんの気持ち」っていう市場原理を強めて、色んな形でのお客さんへの価値提供の在り方の自由を守ってくれる。指名があったら、係に使いにくいヘルプだなって思われても、アフター行かなくても、係的に「なし」でも、お客さん的にこれはこれでありなら、アフター来てくれる舞ちゃんよりアフター来てくれないけどさやかちゃんのほうが良いって思ってもらえればそれで仕事として成立する。当たり前のように聞こえるかもしれないけれど、同伴しかヘルプの評価基準が無くて、係の存在感が強いクラブでは、これってやるのがむずかしい。

圧倒的に仕事が出来だしたら、銀座だろうが六本木だろうが、仕事なんて選べる。でも、下っ端の、ホントにさりとて目立つこともない普通のヘルプホステスの頃に、いや私これはイヤなんです、これもダメなんです、これはいいんですけどってことを結局やれてそれでもオッケーなのって、やっぱり、六本木ならでは（というかヘルプに同伴以外も評価基準があるクラブならでは）、だと思う。

六本木の街の恩人、黒服の鈴木さん

そして、それがやれる環境だったこととは別に、そも「そうしようと思えた」のは、すっごく良い黒服の人がいたから、でもあった。クラブには黒服と呼ばれる、ウエイター業務をしたりホステスの相談を聞いたり出勤の管理をするお店側の男性スタッフいる。時々愚痴も聞いてくれたりとかするけれど、普通は休む時とか同伴だとかお客さんの来店予定の連絡をする窓口的な相手で、担当とか言っても普通は「休む時に連絡する人」みたいなものでそれ以上でも以下でも特に何をしてくれるわけでもない存在というのが正直なところなのだが、私はどう考えてもまれに見る、ホントに役立つことを色々教えてくれた黒服に出会えたのです。その人の名前は、鈴木さん。この本で、人の名前は全部仮名だけど、鈴木さんだけは感謝を込めて実名で書いてます。

鈴木さんの言葉のなかで一番忘れられないものは、どうやって効率よく仕事するかを考えていた私に、「アフターなんかいかなくてもいいよ」と言ってくれたこと。「アフター行かなくても、早く帰って早く起きて昼間ちゃんと営業メールしてお店でおもてなしの心を忘れなければ、お客さんはお店に来るから。行かなくちゃいけないアフターもたまにはあるけど、基本的にアフターなんて必要ないよ」って。

クラブの世界観に触れたことがない人はその発言のイレギュラーさがピンとこないかもしれないけど、お店側の黒服が女の子がアフターにつきあってあげるっていうサービス労働の価値を否定するようなことを言うっていうのは、昼間でいうならば、営業職の新人に、上司・指導役が、「接待の二件目なんてたいして意味ないから行かなくていいよ」と言ったのと同じようなニュアンスだ。「新人なんだから、自分の仕事の仕方とか言い出す前に、まずはなんでも付き合いなさい」って言う変わりに。

高級クラブっていうのはけっこう精神論が美化される場所で、なにかにつけて「気持ち」だとか、「がんばる」とか「義理（って延々エンドレスの接待）」とか精神論を唱えられることが多い。黒服も指名の女の子もみんなで「お付き合い」でアフターに行くみたいなクラブの慣習や伝統がクラブをクラブたらしめていたりもするし、お店側や売り上げホステス達は、気持ちよくアフターとか休日のゴルフとか付き合ってくれるヘルプが沢山居るほうがありがたいので、付き合いの良さをがんばれることとの第一歩としての美徳とする。それは完全に個人主義のキャバクラとはまた違う古さもある世界で、仕事の効率化だとか合理的な物事の考え方をする人ってあまりいない。

でもそんな「まずがんばろう」「まずできることからがんばろうか」みたいな場所で、鈴木さんは唯一、その基本の「き」とされているアフター付き合いをよくするということをしなくていいと言ってくれた。アフターで魅せれるホステスもいるし（歌が上手くてカラオケで楽しませるのが上手い子）、アフター行ってこそつかめるお客さんもいるけれど、私はアフターで魅せれるホステスではないし夜遅いのが苦手でアフター行きだすと生活ぐだぐだになって全部壊れちゃうので、アフターなんて捨てて、「アフター行かないキャラ」を通して大正解だったと思う。それでもやっぱり、「アフターは一括で行かない」って、クラブでは心証悪いしそれやっとけばできる仕事はなくなるわけだし、そこで真面目に働いてる子ほど、言うのは難しいことで、それを通すのにも勇気もいる。それは自分がその世界で信頼している人に、「それなしでもやれるよ」って最初に考え方として見せてもらって、ほんとかなって半信半疑で実践するなかで、時間をかけて自分で腹落ちしていったからできたことで、誰にもそれを言われずにあの空気感のなかでそれをできたかと言われるとできなかっただろうから、振り返っても、本当に有り難いお言葉である。

そんな鈴木さんと私の縁を結んでくれたのは、とあるお客さんのアフター騒ぎだった。そのお客さんは私がお店に入ってわりとすぐ指名をくれだしたお客さんで、「ご飯」と言えば同伴で、同伴と言えば六本木の鮨屋でそのあとお店でちょっとだけ飲んで基本的には十時半くらいには帰ってくれてアフターもなし！　みたいなすごくありがたい遊び方をするお客さんだったのだけど、まあたまにはアフターでもう一軒くらい行こうよ、と言われるわけで。

いやな理由は、アフターに行ってさっくり「じゃあねー」のお客さんはいいのだが、何もしないから泊まってこうとか言うお客さんに対して、わたしは相手の気分を害さずうまく場をおさめてなんとかその夜を終わらせるっていうのがすっごく苦手だと自分でよくよくわかっていたからだ。そうは言っても十回誘われたらせめて一回くらいはアフター一軒くらい付き合ってあげないと、と頭ではわかっているのだけど、なにぶんチキンな私はアフター行って行ったがゆえに気まずくなる、関係がこじれる悪化するっていうのが怖くて、ひたすらアフター自体をずーっと断っていた。

でも、さすがに毎週同伴してもらっていれば今日くらいもう一軒くらい付き合ってよという日はやっぱり来てしまい、さすがに、今日くらい、いくしかない……ということに。その日のアフターが確定して以降、お店の女の子たちにも「アフターで口説いてくるお客さんって、どうすれば上手にかわせますか？　絶縁することにならずに丸く収められますか……？！」と聞きまくるも、「酔ったふりしてとぼける！」「わたしもそういうの超苦手……」的な同情とお決まりのアドバイスしか出てこず。酔ったフリして上手にとぼけるのができたら苦労しないよ〜……。仲良かった女の子には、「……りのちゃん、売られる子羊みたいなカオしてる」ってつぶやかれ、もはや胃が痛い私は、たまたま通りかかった鈴木さんに、すがるような想いで話しかけた。「今日今井さんのアフターなんですけど、もう気が重くて仕方ないんだけど、どうしよう。ていうか一生のお願いだからバーついていきてくれませんか？」

鈴木さんは、じゃあバーまで送ってくよと言って、歩いて十分くらいまでの道を世間話をしながら送ってくれた。それだけだって当時の私はどれだけありがたかったかわからないけど、鈴木さんはそのお客さんとも仲良しだったので一緒に一杯飲んでくれて、でもさすがにそれ以上空気読めないことは限界なので、彼は帰った。私はそのあともう三十分くらいかお客さんとバーで飲んで、でタクシーに乗り込む瞬間になって、案の定、「何もしないから泊まろう」「えー、もー帰るよー」の押し問答になってしまう。で、結局上手には別れられず、ちょっと気まずい別れ方になってしまった。

ようやくひとりになれてほっとしたタクシーのなかでため息をついて、私はなんとなく鈴木さんに電話した。「色々アドバイスしてもらったのに、結局上手に丸くおさめられなくて、喧嘩になっちゃいました。もう、来てくれないかも（ため息）。せっかくついてきてくれたのに、ごめんなさい……」みたいな報告電話。ちなみにタクシー乗ったあとはそのお客さんからは酔っぱらい暴言メールがじゃんじゃん携帯に来てました。もう、返信しないけど……。別にそのお客さんとダメになったことで私が鈴木さんに謝る理由はないのだけど、私は、なんとかその場をうまく流すためにいろいろ協力してくれたのにあなたの親切や協力もろもろ無駄になってしまいました、ごめんなさい。みたいな意味で、電話した。誰かと話したかっただけだったのかもしれない。そしたら、夜中の三時に鈴木さんは「ああ、りのちゃん、お疲れさま。今タクシーのなかなの？　そっか～、そんなの全っ然大丈夫だよー。どんないいお客さんでもダメになっちゃうときはダメになるし、今回のことは、りのちゃんがホステスとして場数踏んでひとつ大きくなったってことだけでいいじゃない。お客さんなんていーっぱいいるからね。今、一緒にホテル来ちゃってお客さんシャワー浴びてるんですけどどうしよう……って電話じゃなくて良かったよー。それだったら助けられないからね。今日はがんばったし、ゆっくり休んで、また明日元気な顔見せてよ～！　電話ありがとうね」と言ってくれたのだ。

電話口で私は泣かなかったが、それは信じられないくらい嬉しい言葉だった。当時の私は、まだ一年も働いていないくらいで、お客さんって、一旦人間関係をうまく築けたらずっとその同じギアで走れるように思っていて、重ねる時間が長くなればなるほど相手の気持ちは重くなることも、そしてどんないいお客さんでも終わってしまうときがあるということも、どちらもまだ体感していない時期だった。だからなんで上手にできないんだろう、と自分自身に落ち込んでいた。

そんな私に、鈴木さんは、もっとうまくやれなかったのって責めるような口調は一切なく、あんないいお客さん……と結果を残念がる声音でも全然なく、「どんないいお客さんでも切れちゃうときは切れちゃうから、仕方ないよ」と優しくとりなして、お客さんひとりより私のほうが大切だからそんなの全然いいと言いきってくれたのだ。

夜のお店って、売り上げのお姉さんとヘルプの女の子も、お客さんとホステスも、ホステスと店も、すべてが利益関係だ。そのあからさまな構図をオブラートにつつんでいろいろな義理だの人情だの友情だのと見せるけれど、限りなくすべてのものは全部その下にある利益とエゴで物事が動く。そんなことをことあるごとにそこでは感じていたから、私は、私の生み出す利益は気にかけられても、私が利益を生まない行動をした時に私のこと自体を大切に想ってくれるような言葉をそこで誰かにかけてもらえるなんて、思ってもいなかった。二十歳、全然子供な私でも、そこが学校の保健室なんかじゃないってことくらいはわかっていた。

私がもしそんな電話をもらった立場だったとしても、「そっか〜、お疲れさま。大変だったね……」みたいな相手をいたわる言葉くらいは出てきても、「そんなの全っ然大丈夫だよ〜！」ってあのとき鈴木さんが言ってくれたくらい言い切ってあげられるかは、正直自信がないくらい、それは、その場所では言うのが難しい言葉だ。だからこそその言葉に私はその時すごく救われたし、それを今でも覚えている。

六本木の夜の世界って、喧騒が激しくて、際限のない「もっともっと」に溢れている。もっと同伴しよう、もっと稼ごう、もっと頑張ろう。いいねえ！　でも、飲めば飲むほど良くて、休みを削れば削るほど良くて、寝れば寝るほど良くて（極論を言えば）、結果の前に何もかも正当化されるって、それって、すごく怖い。でもそんな「もっともっと」の場所で、鈴木さんは、むだにがんばれ言わなければ精神論を否定するめずらしい黒服だった。

鈴木さんは「減らせ」「休め」って彼以外の人たちは絶対に言わないような助言してくれる人で、同伴いれすぎると「もうちょっとペース落としたら」ってときに言ってくれたり、「短期で使い切るような人間関係の作り方じゃなくて三年後も同伴してもらえるような感じにしたほうがいいよ」とか、「ちょっと休める席も作るといいよ」とか、色々言葉をかけてくれた。「りのちゃんはまじめすぎるから。仕事終わってもまっすぐ家帰るでしょ。その辺で遊んだりも、飲み行ったりもしないし。でも、そういうことも、したほうがいいよ」って言われたこともあった。私はお金稼いで貯めるためにそこにいる感覚が強かったので、フル出勤でそこにいるような女の子にしては珍しく、女の子同士でお店のあとにご飯行ったりだとか、カラオケ行ってタクシーで帰る……みたいなことを、そう言われるまで、ほとんどせずにいた。だって送り（お店からの送迎サービス）で帰れば二千円だけど、ご飯行ってタクシーで帰ったら一万円で、それ毎日やったら月二十万の浪費だよ、というか、毎月ネイルに三万円、ドレスに十万、家賃に二十万にその浪費だから、そんなにキャッシュフローあるのにみんな貯金が全然ないんだよ……！　みたいに思っていて。

でも「無駄」に思えるからやらなかった、そんな仕事終わりのふらふらも、鈴木さんに言われて、ちょっとしてみたりしはじめた。仕事終わりのふらふらによって癒される気持ちは大きいし、だらだらによって生まれる絆も大きいし、そんな時間からだけ得られる、お客さんや女の子同士の人間関係を理解するための情報は実はすごく大きかった。不思議なもので、お客さんとにらめっこして働いているっていう、そういう正面からの仕事へのコミットだけじゃなく、ふらふらとだらだらによって夜の世界の住人になって、色んなことが理解できていくのだと思う。業務だけじゃ会社になじめないのと一緒で、多少の飲み会も、必要で。

途中からは、もはや「相談は全部丸ごと鈴木さんのところに持っていく」と化していたのだが、鈴木さんは色んなことを相談する度、人の感情も、ものの見方も、「私に全然見えていない角度」から見えるものをいつも教えてくれた。あれほどいつも的確なアドバイスをくれる人はいなくて、その人は神様みたいな人だった。クラブで働きたい女の子には、私は迷わず鈴木さんのいるお店で彼に担当してもらうことを薦めたいくらい！

「係」の仕事はおもしろい

少し思い出の寄り道をしたけれど、話の筋を仕事に戻そう。病気になって復帰して、どうやって負担軽く仕事をするかを考えていたその頃は、初めて誰かの「係」になった頃だった。係になる方法はふたつあって、ひとつはどこか別のお店からお客さんをそのお店に初めて連れてきた場合で、もうひとつは、係がついていないお店のお客さんの係をお客さんの口添えでお店からもらう場合だ（それは前の係が退店しているとか係が不在の場合にのみ可能で、愛ちゃんはもう嫌だから、りのちゃんに変えたい、みたいにスライドすることはできない）。自動継続性のないヘルプとして指名をもらっている間は自分がどうやってそのお客さんの指名をとるか、継続させるかしかないけれど、係になるとそのお客さんの席での自分の立場は保障されるので、自分以外で誰を席につけるかとか、そのお客さんのお店で過ごす時間の質をあげるために考えられることが増える。ヘルプにとっての仕事は指名のお客さんと自分の線形の人間関係を作るようなものだとしたら、客席全体をデザインするのが係の仕事で、係の仕事って一ヘルプよりずっと考える余地が多くて面白いな、と思った。

一席でも係のポジションをやると、視座ってあがる。係の仕事の目線が入ると、自分がヘルプとしてお客さんに指名もらっていて、自分じゃない係がいるお客さんの席で、係の足りなさが見えてきたりもする。いやいやこの子じゃなくてあの子をつければいいのにとか、色々。自分がお客さんのことを係よりも分かっているっていう気持ちが強い状況ほど、ヘルプでいるのは物足りなくなる。

私にとって係の最大の魅力は、采配が仕事の結果につながる、ということだった。例えば、私の係のお客さんの斉藤さんが今井さんと長谷川さんというお客さんを連れて来店したとする。今井さんか長谷川さんがもし他のホステスの子と仲良くなってくれて、そのお客さんだけで来店しだしたら、それはクラブでは「枝のお客さん」と呼ばれるもので、その来店の元になった斉藤さんの係の女性（つまり私）の係のお客さん、ということになる。だからこそ、係は上手く采配することにメリットがあって、四十歳のキャバ嬢がめずらしくても四十歳のクラブのママが当たり前なのは、このシステムのせい、とも言える。それはマネジメント業務寄りの、相手に対する自分自身の女性的魅力の訴求とはまた別のもの。

係になる方法は二つあると言ったが、「お店からもらった係」っていうのは他から自分が連れてきたお客さんの係より、残念ながら弱いもの。なぜなら他から自分の紹介で連れてきたお客さんの「枝のお客さん」は絶対に拾えるのに対し、お店からもらった係のお客さんに対しては、その枝のお客さんは対象にしてもらえないからだ（それこそが係の最たる美味しさなのに）。お店にしたら、他所から連れてきてもらったお客さんでなければ係を女の子にあげてもお店の利益が女の子の利益に転化されるだけだから、どこからどこまでをそう認めるか、線引きが難しいから、仕方ないんだけど。うまく采配することで枝のお客さんを拾えるのはヘルプでいる限り絶対ない仕事の増やし方で、そういう係の仕事ができる人が羨ましくて、私はお店を移ることを考えはじめた。今指名をもらっているお客さん全部他店に連れてけば、一回お店変えるだけで、全部私の係になるではないか。私のさがしている「効率良く仕事する」の答えはそれに思えた。

え、私がナンバーワン？

私が新しいお店として選んだのは、クラブＡの同じ系列グループの、同じく六本木にあるクラブB。グループのなかなのでまったくの他店にうつるよりは、ほんの少しは波風は抑えられるけれど、同じグループと言っても、経営母体の最上流のところが同じなだけで、姉妹店とは言っても、別のお店。「お店移ろうと思うんですけど……」と相談やら報告やらしたお姉さんや黒服は、みんな反対だった。特にその頃はリーマンショックの余波が濃い時期で、お姉さん達は「今は時期が悪いから絶対やめておいたほうがいいよ」とか「お客さんが自分についてるって思っていても意外にお店についていたりするしね」とか、みんなもっともらしいことを言った。

夜の世界で人の話や意見を聞く時に、この人の利益はどこにあるのかとか、考えて話を聞くことはそれまでに私がそこで嫌というほど学んだことだったので、言われることがそのまま信頼できる意見ではないと頭ではわかっていても、本当に文字通り誰ひとりとして「がんばってみたら？」と言ってくれないのは不安だった。自分のお客さんのことは私が一番わかっている、みんな私がやめないほうが自分に都合がいいから止めるだけ——そう思っていても、その世界のことを自分よりはるかに分かっているように見える人たちに軒並み反対されるのって、つらい。お姉さんや店長に止められたのはまだ利益がベースにあるってわかっていたから別にそこまでだったけれど、鈴木さんにも「あなたの年齢では、まだそういう人いないでしょ。今移っても難しくなるよ」って止められたのは自分をグラつかせたし、自分がその場所で親鳥のごとく懐いていた人を振り切るのは心が痛んだ。とは言え、私は別に義理堅くヘルプまわりして売り上げホステスとして大成したねとか言われるキャリアをその世界で作ろうと思っていたわけではなかったから、全方位に認めてもらう良い辞め方をするまで勤め上げるなんてことよりも、お金貯めてとっとと辞めてアメリカ行くことが大事で、それがその時、決断した理由だった。

移店先として吟味しまくった候補のうち、私が最終的にクラブBに決めた理由は、客層と女の子の雰囲気や空気感が最初のお店に一番近かったからだ。謙遜ではなく、当時「私が貯金できるくらい長く働けそうなお店は、六本木でもクラブAかBの二軒くらいしか無いな」と思っていた。クラブAに飛び込んだときはその感情的な敷居の低さだとか普通の世界の延長っぽさにするっと仕事にも世界にも馴染めたけれど、新人の印象と一年すったもんだを経験すれば、理解は変わり、その時までに、普通に見えても夜の世界はけっこう大変な場所だということはわかっていた。そんな世界でたまたま舞い降りた幸運やら神様的なお客さんとの縁やらで私は奇跡的なゾーンを作り上げている自覚はあって、自分がどのお店に行ってもどこでも一定の成果を出せます、みたいな水商売的な器用さ強さがあるタイプじゃない、ということもその時までに分かっていた。だからこそ、その時のお客さんを最大化する方法を取りたかったのだけど。

お水の世界で、ヘルプが他店に行くっていうことは、お客さんをそれまでの自分の同僚の女の子やお姉さんやママとお店を挟んで引き合うということで、上手くいかなかったからって、何事もなかったかのようにもとのお店に出戻るっていう道はない。だって、全ての人間関係がそこで一回変化するから。あんまり実力のないホステスが、お店に不満を持ってお店をころころ変えるっていうのもよくあることなのだが、それって、やればやるほど先細りして、置いていくお客さんも増え、もうどうしようもなくなる。そうなったら、今の状況を壊さずにいたほうが良かった、ってことになる。だから、私の心のなかではそれは賭けだった。新しいお店への移店が成功しなければ多分他に行けるお店もなくて、アメリカに行く方法もなくなっちゃう——私の心のなかのそういう仮定になっていた現実は、自分自身にものすごいプレッシャーをかけた。うまくいくか全部失うしかどっちかしか無い、自分だけが信じている賭けに勝つしかなくて、でも不安で不安でしょうがなくて、お店を移って最初の一か月はもうただただがむしゃらに仕事をした。その時だけは、しばらく心に留めてきた「やれるけどやらない」なんてありえなくて、そんな気持ちは棚上げで、お風呂に入っているときも道を歩いているときも、起きてる瞬間はいつも何かしら仕事のことを考えていた。それまでとは自分にかけているプレッシャーの次元が違くて、ひたすら今日出来ることを考えてひと月過ごしたあと、一か月後、私は新しいお店でナンバーワンと呼ばれる位置にいた。

そこまで好結果が出たのは、辞めたお店も自分自身もびっくりだった。私は、それまでいわゆる「うんうん、この子はそのうちナンバーワンになるだろうね」とまわりが思うホステスではなかったからだ。みんながそう思うようなホステスって、アフター付き合いがよくて、困っても感情をあんまり顔に出さずに対応ができて、それでいて魅力があるような女の子。私はアフター付き合いよくもなければ感情を上手に隠すのもへたくそだったから、できない仕事も多かった。でも人一倍お客さんを見ていた自信はあって、それは、お客さんと付き合わなくても寝なくても（水商売の世界でもっともパワフルなもの二つをしなくても）、アフター付き合い悪くても、感情を上手に隠すのがへたくそでも（水商売で必要って言われる二つのスキルがえぐれるように欠けていても）、それでも私は私のやり方で自分らしくこの仕事をやれると思えて、ナンバーワンになったというよりも、自分らしく選んで積み上げた仕事だけで、その成績が出せたことがそのときは本当に嬉しかった。それは私にとっては六本木の世界にある「綺麗な部分だけで到達できる極み」

を体現できた時期で、そのときから半年間くらい、一番その仕事をする楽しさを感じられていた頃だった。

ホステス業が面白いのは、マーケティングの調査段階から商品企画と実行、さらにはその評価までそのすべてを自分の手でやって、自分の身でこれ以上ないダイレクトな感触の評価をくらうからだけれど、係を沢山持つ売り上げホステスになって大きく変わることは、そのツールとして扱えるものが自分自身以外にも増えること。相手と自分しかいなかった関係から、そこに自分の裁量で他人を使ってより繊維のしっかりした人間関係の下絵を描くことが考えられるようになる。プレイヤーとしての仕事だけは、面白い一方で、そしてそれが重要なのはどこまでいっても変わらないけど、でも、飽きる。始めたばかりの私はそれでも十分なおもしろさでのめりこんだけど、どこかで手詰まり感を感じていて、その階段をあがったとき、その増えた裁量とともに全然違う光景が見えて、体感も学びも違くって、それはすごく充実したときだった。

立場が連れてくる孤独

仕事自体はがぜん面白くなった一方で、立場的には孤独になった。新人で入ったお店で人気が出だしてそのままそこにいること、つまりその店育ちの女の子と、売り上げホステス（経験者）として自分のお客さんを持って入店して仕事をするのは体感が全然違う。前者は追い風だけど後者はなんだかちょっと向かい風。未経験で新人ですけど一生懸命がんばります、っていう若い女の子は、そこそこまっとうな社会性と縦組織のなかでの人間関係への常識があれば、自分がなにもまだ背負っていないぶん人の輪にもお店の文化にも溶け込むのも容易だし、相手の懐にも入れてももらいやすい。それに対して、売り上げホステスとして新しいお店に行く場合は、露骨であるにしろないにしろ「お前どれほどのもんなんだよ」っていう視線が常につきまとう。新卒は使えないかもしれないにしろうちの色に染まってくればいいよとはなから敵対心を向ける人はあまりいないのに対し、中途の採用は期待値も高くて、自分の居場所を作るのに新卒よりも能力を仕事で証明することが求められて、かつ最初から立場も少しあるので目立つ、っていうのと似たようなもので。

わたしは、当時二十一歳になったばかりだった。六本木のクラブで売り上げホステスとしてバリバリやるお姉さんっていうのはどんなに若くても最低二十代半ばからくらいで、二十代後半なのが当たり前だった。三十代前半とかも。それくらいの年齢でそういう仕事をしだすお姉さまたちがじゃあ二十一歳の時に何をしていたのかというと、まだ水商売の世界にいなかった、もしくはヘルプだった、である。

でも私のお客さんの席では二十一歳の私が係で、ヘルプとしてついてもらう女の子たちは、二十代半ばや二十代後半が多くて、どんなに若くても二つ上の二十三くらいがたまにいるか、というところ。仕事ができる子だと二十歳そこそこっていうよりも、それくらいの年齢になりがちなのだ。でも売り上げとヘルプっていうのは基本的にゆるくとも上司と部下の関係なので、年齢も立場に呼応してはまっているほうがどちらにとっても楽だ。でも私の場合は、年齢と立場が綺麗に逆転していた。だから、席についてくれた女の子をやる気にさせる言い方ひとつでも、すべての物言いに無駄に気を遣った。

たとえばもし二十二歳のあきちゃんがヘルプで私が二十八歳の売り上げホステスなら、「あきちゃん、さっきはありがとう♪　山田さん、あきちゃんが一番可愛いって言ってたよ。連絡してあげると喜ぶから、してあげてね♪」でオッケーだ。でもそれだって私が二十一歳で相手が二十七歳なら違う言い方が必要になる。「あきさん、さっきはありがとうございました〜！　山田さん、あきさんが一番綺麗って言ってました。上品な女性が好きな人なので、あきさんに連絡してもらえると喜んでくれると思います、よろしくお願いします」みたいな。とはいえやりすぎるとそれもまた好かれない。

結果の可視化と合理化がルールの六本木でも、合理化しきれないのが人間の感情で、くそー、私が二十八歳だったら、「連絡してあげてね」ってにっこり笑って声をかければそれだけでオッケーな話で、しかもちょっと優しくしてあげれば「優しいお姐さん」って枠に入れるのに、とか、同じことをやっても私がもし二十六だったら、それだけでちょっとえらそうにしておけば仕事がまわるのに……とか、二十一歳のときは、せめて二十三だったらもうちょっと楽なのにな、と何度も思った。

対黒服のコミュニケーションも、つけまわし※15の黒服に指示されるがままに呼ばれたら席を移動し続けるヘルプ時代とは違うようになり、どこの席に誰かをもどしてとか、もうちょっとだけ○○ちゃんをここに置いておいてほしいとか、自分自身の席の回り方も自分である程度決めら

※15　お客さんの席に女の子をつけたり女の子を抜いたりする、お店をまわす黒服。

れるようになった。お店ってひまなとき（お客さんの数より女の子の数のほうが多くて、いい子をつけ放題なとき）はその時間の満足度を担保するのは簡単だが、混んでる時間は、女の子の配置もてんてこまいでカツカツになるので、そんな時はつけまわしの黒服にママや売り上げのお姉さん達が口を挟みまくり、リソース争奪戦になる。皆、自分のお客さんの席を優先してほしいし、自分のお客さんの利益を上手に守るのも仕事だからだ。だからつけまわしの黒服には、もうお客さん帰るんだけど指名の子がまだつかないとか、誰を戻してくれとか、四方八方から指示やお願いが飛び込む。そんなキツくてど迫力でまくしたてる人と並びながらそんななかで言うこと聞いてもらうためには、ふんわりお願いしていてもダメなのか、と悩んだり。

たった道を一本またいで新しいお店にうつっただけで、それら全部の少しずつの違いは、環境としてはすごい大きな違いになった。前のお店では、私が「がんばってるヘルプの子」くらいだったので、仕事として傘下にいれてこなくても、自分のことを存在として可愛がってくれるお姉さんが沢山いた。末っ子気質の私には、綺麗なお姉さん、仕事の相談も彼氏の相談もできるすっと甘えられるお姉さんが何人もいて、楽しかったし気楽だった。前のお店では、私に敬語を使う女の子なんて誰もいなくて、お客さん紹介しても、「りのちゃん、ありがとう♪ 連絡しておくね♪」

だった。でも、新しいお店では、「りのさん、ありがとうございます。連絡しておきます」って敬語でしゃべられる。私をかわいがってくれる「お姉さん」的存在はもういないし、人は友達というより全部使う対象。ぺちゃくちゃ女子大生をお水の空間に放り込んで、一応仕事もしていますみたいな感じと、それはもう全然違った。

クラブBに移店したのと同時に、私はお店からタクシーワンメーターで帰れる場所に引っ越したので、送りを使うことも、もうなかった。だからきゃいきゃい送りの車のなかで笑って友達とおしゃべりしながら帰る、なんてものももうなかった。心理的に戦争状態だった当時は意識を向けることがほかに沢山あって、送りでぺちゃぺちゃおしゃべりする時間がなくなっちゃってさみしいな、なんてそんなホワンとしたものを懐かしむの心の余裕はなかったのだけど、今こうやって振り返ると、私が新人時代に無意識に好きだったものはホステス時代の後半には立場とともに失ったものが多くて、精神的に孤独だったのもきつかったのも無理ないなあ、なんて思う。それでも、ホステス時代にした決断のなかで一番いいものは、あの時、自分の読みを信じてお店を移る賭けができたこと。やりづらさも多少の孤独も、その収穫の大きさの前には、豆粒くらいにちっぽけなものだった。

第二章

二十歳の私が、夜の世界で好きだったもの

二十歳の私が、夜の世界で好きだったもの

仕事とは別に、私はその世界が体現しているような価値観が好きだった。昼と夜の交差点で、二十歳の私にその世界は、どう見えたのか。ここで、私がその場所で好きだったものを振り返る。

若さや美しさだけというものがたいしてもてはやされなかった場所

昼間の社会って、容姿で人を上に置いたり下に置いたりするなぁ、と思う。人見知りで無口な女の子も、顔が整っていれば内気な美少女で、でもそうでなければ存在感のない子扱いで。女性の外見的価値を評するのって必ずしも男性ばかりじゃなくて、同性の間でだってよく起こる。というか、同性間のほうが遠慮がないのでは、と思う。思春期の女の子の容姿に対する自意識や評価意識って、すさまじいし、それって常に相対性を必要として人を巻き込むからほんとに迷惑で有害。

でも、そんなくだらなさがその夜の世界にはなかった。人が平等なんかである訳もないその世界でもっとも上に来るものは、容姿が良い事でも若いことでもなく何よりも「仕事ができること」だった。その場所では綺麗なことを以て誰かを特別扱いする空気は無くて、例えばナンバーワンの女の子が優しさで、顔だけしか取り柄なさそうな可愛い女の子に、席で「最近入った○○ちゃん、可愛いでしょ〜？」とかお客さんに振ってあげるような場面があったとしても、それは自分の女性性を卑下することとは全く違うもので、彼女の余裕。そういう会話を見ているほうだって、わかってる。

お店にとっても最も価値がある女の子も、顔が良い子でも若い子でもなく、仕事ができる子だった。綺麗なことはもちろん仕事にはプラスだが、成績イコール容姿では全くなくて、顔だけ整っていて成績がついてこない人は誰にもチヤホヤなんてしてもらえない。六本木のクラブっておもしろいもので、一般社会にいたら絶対「綺麗枠」に入るであろう女性であっても、結局仕事ができなければ保障期間[※16]が過ぎたらあっさりクビになって、別に一般社会でさりとて可愛い扱い

※16　新人の一、二か月間に与えられる、同伴や指名ノルマのない期間。

はされないんじゃないかみたいな女の子でも、仕事ができればちゃんと大事にされる。若いことや容姿が良いことは、それらを前提としている世界では、それだけで賞讃を浴びるようなものじゃなくなる、っていう不思議なフェアさがある。

十代の私は、昼間の社会で、自分の「若さ」が無条件に、あからさまに価値として扱われることに、苛立ちと解せなさを感じて生きていた。若ければ若いほど良い、二十四歳より十九歳、十九歳より十八歳――私はその頃若さに価値をつけられるほうだったが、それにおめでたくもあぐらをかけたことなんかなくて、むしろずっともってはいられないようなものに頼んでないのに価値をつけられて、でもその先に勝手にさげられる未来が簡単に見える、それから逃げられないのが怖かった。

でも六本木のクラブでは、客席でも、また黒服や女の子の間でも、人が年齢という数字の価値で一様に扱われることはなかった。当時私は二十歳そこそこだったけど、「十九歳なの？　指名してあげるよ♪」なんてそんなおめでたいお客さんもいなければ、二十八歳？　あっちいってよ、っていうようなお客さんも見なかった。初々しい女の子が好きな人もいれば大人の女が好きな人もいたし、その場所で、二十八歳に比べて二十歳のほうがもし価値があるのであれば、それは二十歳の女の子の人間の魅力であって、それは数字の価値なんかでは全然なかった。だいたい若い子なんてそこにはいっぱいいるので、そんなもんで差違化できるほど楽な仕事でもなく。夜の世界で、若い頃からなんとなくぐたぐたに水商売やってきて三十代後半とかでお客さんもいなくて新規の席につく価値もない人は、みじめだ。お客さんいないのに水商売にしがみついてる人って、ださくて、カッコ悪くて、たまに来たお客さんで売り上げあげるしかないからめちゃくちゃな飲み方して裏でつぶれるのがオチで、ほんと、見ていて痛い。でも逆に同じ三十代でも、ちゃんとお客さんがあって売り上げがあって、いい仕事をしている人は、きちんと尊敬された。それは、仕事がその人の立場をきちんと守るから。そこには「年いっても一様にサゲない文化」があるわけではないが、「若ければ一律にアゲる」文化も無くて、若い魅力も大人の魅力も人は魅力がある限り「個人」として扱われ、年齢の数字では扱われない。そこでは、自分が日本の昼間の社会で強く覚えたような不条理な恐怖感を感じなかった。

どれだけ仕事ができるかが女性の基本的な価値で、そのどれだけ仕事ができるかは容姿も個性も頭の良さも努力も自己管理力もすべてふくんだもので計上されている。それは人の生まれついたものにひざまずかない、その人が体得した魅力や能力がフェアに評価される場所で、二十歳の頃のわたしにとって、若さより美しさより圧倒的に価値があるものがあるということが、それだけですごい素敵なことだった。その場所の体現している、人の多彩な魅力と女性としての総合能力にもとづく人間の序列化は、昼間の社会の年齢と美貌による一方的で恣意的な序列化よりよほど納得観のある気持ちがいい価値観に見えた。

個性上等

もうひとつ、六本木の夜の世界の好きだったところに、個性上等っていう価値観がある。その世界は、目立たないように馴染むとか、集団に馴染み切るっていう調和と没個性の表裏一体さを美徳とするような日本文化がとても薄い場所だ。そこでは個性がとても大事で、普通な人ほど要らない人はいなくて、そういう意味では人はとても自由だ。結果にはいつもしばられているけれど、結果さえ出せば、人とのちがいを価値へと昇華できる場所。

私は高校生の時に別の高校の友達に「りな、なんか学校で浮いてるって聞いたけど大丈夫?」って言われたことがあって（良かれと思って言ってくれた言葉なのだけど）、その時、「そう、私、浮いてるんだよな」なんて思ったことがあった。傷ついたというよりも、しっくりくる言葉だなあ、って納得してしまった。その「なんか浮いている」って感覚は「自分は人とは違う」って自信でも馴染んだ上で目立つようなポジティブなものでもまったくなくて、むしろ「なんかいびつに目立つ」みたいなもので、消せるなら消したいようなものだった。

ちいさな話だが、私はそこまですごく気が合うわけでも何かを共有できるわけでもないのに「なんとなくそこに所属」したり、「特別な理由はないけれど、なんとなくまわりに合わせる」ことがすごく苦手だ。自分にとって別にやる必然性がない事に対して、「とりあえずやっとけ」って感覚になれなくて、トイレのタイミング合わせるとか、楽しくもないけどみんなでお弁当食べるとか、会社のなんとかだとか、まわりがみんな普通って思ってやっていても自分にとって必然性がないものに形だけ合わせておくってことが上手にできない。やっておくほうがやらないよりつつがない日々が送れそうでも、それでも義務としてオペレーション的に淡々とこなすことが結局のところ面倒くさくなってしまって、必然じゃなくて気がのらないことは結局どこかで降りてしまいがちだ。その感覚が、結果的に「浮き」って高校生が呼ぶものになっていたのだと思う。

そんな私には、なんとなくそこに所属することも求められなければ、浮きを攻撃するような価値観とは対極のものがそこにある水商売の世界はすごく生きやすい場所だった。人の魅力が商品なその街では自分の魅力を最大限主張することを批判するしょうもない文化も無くて、洋服ひとつにしてもFカップのおっぱいの谷間をバーンと出そうが、マイクロミニを履こうが、誰も「何、あの子」なんてくだらないこと言わない。個性張ってナンボの世界で、「浮く」なんてしょぼい概念がそもなかった夜が私は好きだった。

「『女性としての魅力』を評価される」を仕事にすると生まれる、パラドックス的な自由

外からその仕事を見ると、女性が男性に評価される極致のものに思える。でもその中を生きた当事者の感覚としてあったものは、そこにあったのは息苦しさとは正反対の、在り方の自由だった。ホステスの指名は、「ふわっとした好感度争い」でも「ニコニコ従順さを競う競技」でも無くて、それはもっと、相手に対してする自分の個性の勝負。たとえ「いい子なんだよ」とかお客さんが言ったとしてもその真意は「どうでもいい子」なんかじゃなくて「〝付き合いが〟いい子」だとか「〝気持ちが〟いい子」なんかそこに絶対ついてるわけで、無責任な無料の「いいね」をもらう

より、お金を払って評価する「いいね」をもらうことのほうが、ずっと難しい。でも相手が幅広くいる場所で、相手の答えの明確な競争をして、自由につくるその集積が仕事の結果であるということは、そこにあるのは受け身の非力さじゃなくて、そこに勝ち方の自由っていう自由ができる。全部のお客さんの理想を体現する必要なんてどこにもないし、どんな質の指名をどんな人からもらうか、自分の価値の証明の仕方なんて幾つもあるのだから。極論を言えば、別にニコニコしてあげなくったって、愛想が悪い個性だって、よい。それは、「女子力」みたいな言葉で「女の子はこういうものがのぞましい」とするものをふわっと空気のなかで押し付けられる昼間の世界とは反対で、「女性の魅力」を判定のはっきりとしたゲームにすると不思議とそこに逆説的に生まれる、在り方の自由さ。

能力の評価軸が多様な夜の世界

そして、夜の世界は、人の能力を多角的に評価する場所だった。ホステスにあったら望ましい能力がいくつもあるとしても、それらは縦ではなく横に並んでいて、それが全部均一に発達していることが求められなかった。私は、「アフター行きたくない」とかそれはクラブでは致命的なことを言い、感情を上手に隠せるほうが良い仕事で（隠せないんです、って言いながら本当は隠せるのがいい）「ちょっと困るお客さんの席ではすぐ全部顔に出る」タイプで、ヘルプホステスの心得の一番最初に出てきそうなことが全部苦手だった。でも人を良く見ているとかそのほかわたしなりの得意項目があったおかげで、その場所で一定の成果は出せた。その場所は要素一と二ができるようになったから三、それができたら四……の世界ではなくて、いろはの「い」も「ろ」も苦手でも「は」がすごく得意でそれで結果が出ればオッケーで、女の子の個性の数ほど仕事のやり方も違って。わたしは、「あれとこれができなければその次なんてなし」みたいな世界しかそれまで知らなかったから、紋切り型に全部を器用にできることを押し付けられない環境がすごく居心地がよかった。そこは、何が仕事か自分で考えて自分の思う価値提供を追求すれば、これが私の勝ち方と思ったところに全力投球すれば、誰かが決めた「こうでなければならない」という文化からも、「これをしなければいけない」という行動規範からも、自由でいられる場所だった。もちろんその結果をつかむ戦いは大変だけれど、何かが有りか無しか決めるのはあれはよくてこれは好かないみたいな誰かの感情論でも伝統でも慣習でもなくて、市場のなかで決まるというのも、すごく気持ちいいことで。

その場所では誰しも自分の個性に立脚して生きて、自分に合った自分の正解をわかっている人が勝ち、個性も能力もなにもかも「人並み」なものになんて意味なくて、その突き抜けたものこそが、価値で――私はその時人生で初めて「人と違えば違うほどいい」ってはっきり思えて、それは違えば違うほど自分が苦しむ場所とは正反対だった。皮肉だと思う。学校なんて、「みんなちがってみんないい」とか一生懸命声高に叫ぶその場所は本当の意味でその価値観の体現に見事に失敗していて、モラル的に破綻している夜の世界のほうが、そういう価値観を体現していたのだから。

私は「自分の能力や個性がそこの唯一の絶対解で、自分がそれに綺麗にハマった」だけだったら、その場所をそんなに好きにならなかったと思う。私はその多元的な能力が評価され、人が自分の得意なものに依って立ち花ひらけるように見える、そんな六本木の夜の世界がすごく好きだった。

第三章

夜の世界の深み

夜の世界の深み

ここまでは、その世界の入り口の魅力の側面を描いてきた。入り口にもそれなりの大変さはあっても、営業時間外の無制限労働や過労は要は自分が働き方のバランスをとれれば良いわけで、それらは解決可能な問題だ。それに、そこにある風土や価値観も、私は昼間の社会のそれよりも好きだった。そんなふうに好きなものが沢山あっても、でも、その仕事には、永遠に解決できない、不可避のくるしさもある。

最初から全部理解している仕事なんて、ないと思う。どんな仕事でも、教師ってこういうものなんだな、医者ってこういうことなんだな、そうわかっていくように、ホステスもそうだ。ここからは、私がナンバーワンになってから、二十二歳で、六本木を出て行くまでの回顧録。

お店を移って売り上げホステスになり、晴れて係のお客さんばかりになって、仕事は数倍面白くなった。それははるかに期待・想像以上だった。自分のお客さんの席を好きなだけアレンジできることも自分が思う合理化を追求できることも心地よかったし、この人ってこういうことが大事だと思うとか、そうじゃなくてこういう風に席をデザインしたらもっと来てくれると思うのに……みたいな気持ちっていくらあってもそれはお店を変えて実際に新しい環境でやってみなければ試すことのできないものだったけれど、その全部試せることも、ただただ面白いしすべてがヘルプ時代よりも自由でやりやすかった。

クラブって、ヘルプと係の間には、ホウレンソウの義務があって、お客さんとこんなことがありましたって報告とか相談の連絡をしないといけない、っていう原則がある。ヘルプが勝手にお店の外でお客さんと会ってお店にこなくなったら係には問題だし、愛人契約的なことされても困るからだ。とはいえ人の行動なんてその場所でそんな理路整然としたものでもないのだが、一応、原則として。でも「係には内緒で」、とか、「あいつには特に言わなくていいから」ってお客さんに言われることは沢山ある。そういうとき、相手との「内緒ね」を優先させる子と、「内緒って言われてるから知らないフリしといてほしいんですけど」って言いながら係に報告しておく子がいるのだが（しかしそれも含めてお客さんに言う係もいるからおそろしい）、私はえらくまじめだったので、だいたいそれを全部「内緒って言われたんですけど」みたいな報告を逐一してたのです（本当にまじめである）。でも自分が係になると、自分さえ分かっていればいいから、お客さんともっと良い意味でゆるいふまじめな付き合いができるし、自分らしさも、ヘルプの頃より自然に出しやすかった。逆にヘルプの女の子から今度は報告もらえたりして、「へー、あのお客さんって、この子にはそういう感じなんだ」とか知れたり、係は色々便利で良いことづくし。

でもそれから半年くらいして、私がその仕事の出口のなさに気づいていった。そこから、全部がじょじょにくるしくなりはじめるのだけど、私のくるしさのトリガーを引いた最初の気づきは、「お客さんとの関係って、永遠に合理化しきれない」ということに気づいたこと。采配は、合理化できる。それを合理化することによって、自分のカードを最大化することは、できる。でも、お客さんと自分自身の関係は、合理的になりきることって、ない。

合理的にならないのは、異性として出会っているホステスとお客さんって、相手が嬉しい事をじょうずに見つけられた場合、その度合いが強ければ強いほど、絶対にお客さん側に恋愛感情がどこかで発生するから。だってそこにいるのは生身の男と女で、立体的なものがいくらでもその先に広がりうる人間同士、なのだから。そして超がつく美人なら居るだけでありがたがられて口説かれないとか、そんな誤解をその世界に対して時々されるけど、そんなことあるわけもなく。六本木の高級クラブくらいのお店で飲むような男性は、概して社会的な地位が高くて成功しているわけで、自信だってプライドだってある。そんな高エネルギーな雄が、手を伸ばせば触れる距離にいる女の子を、たかが美人だからって眺めて愛でるみたいなそんなひよった飲み方するわけない。そして、そこでは結婚指輪なんて、男性が女の子を口説かない自己抑止力になんて、欠片もなるはずもなく。

だから、その仕事って、相手に口説かれることとそれに付き合うことが不可避。ひとつのお店に四人指名しているホステスがいて、三人のことは口説かないさっぱりしたお客さんだけど、誰かひとりのことだけは口説く、とか、そんなのものよくあることなのだが（みんなを口説く人もいるけど）、そのひとりになってしまった場合は、全然嬉しくない。だって、他の子口説いてもらっていてお友達的な立ち居地で指名もらっておくほうが、全然ラクだから。

ちなみに、説明するのが遅すぎるくらいなのだが、ホステス用語の「口説く」は、一般社会の「口説く」とは若干違う用語で、「○○ちゃんのこと好きなんですけど、よかったら」、みたいな、相手の感情を大前提に尊重しつつの交際を申し込むっていうことだけに限らず、一般社会でいう、ストレートに誘う、と、セクハラ、と、一般的な口説く、と、の全部が混ざっている用語です。

だからホステス同士の女の子の会話で、「お客さんの口説きがつらくて……」は、自慢じゃなくて、嘆き。それには嫉妬じゃなくて普通に哀れみの目が向く。もちろん口説かれて嬉しいような相手に口説かれるのは相手がお客さんだろうが一般社会だろうが嬉しいだろうが、自分が異性として全然見ていない相手に口説かれて、ハッキリ自分の意思表示ができない立場にいるって、くるしい。口説かれてるうちが華、とか言うけど、そんなこと言っても、つらみ。

ホステスは矛盾業の営業職

ホステスの仕事って、「仕事じゃないように仕事するのが仕事」にはじまるいくつもの矛盾をはらんでいて、その仕事って「矛盾業の営業職」だ。

たとえば、ホステスの仕事って、この人どうしたら喜んでくれるんだろう、どんなものが好きなんだろうって相手の好意を向けてもらう努力をしながら、そして相手が好意を向けてくれたら、一方でその好意をかわすっていう正反対の努力がはじまる。だから「自分にとって持続可能な人間関係の提案営業をお客さんにする」っていうホステスのゴールのなかには、相手に近づくことと、相手から逃げるって相反する命題を、逃げてもそれでもまだ好かれるの方の力がちょっと強く残るくらいってバランスで両立させることが必要。近づくだけなら（好意をもらうだけなら）、ほんとにそれだけでいいなら、比較的安易。別に相手の人生で一番の好きなんて競うわけじゃなくて、相手にとっての好意を持つゾーンの範囲に入れればいいだけだから。離れるだけでも、相手の気分を害さないように、なんて配慮が不要だったら、それだって簡単だ。「やめてよ！　私、そういうつもりじゃないから」って一言ドスが利いた声で言えば、どれだけ勘違いの夢を見ている人だって、我に返る。だけど、好意をもらえる努力をし、でも好意から逃げる努力をし、相手を何らかの意味で断って、男性のプライドを傷つけて、だけどそれでもまだ自分を好きでいてもらう、自分の利になる人間関係を相手に継続してもらう、それは至難。それは同一人物に対して近づくことと逃げることを繰り返す仕事で、ホント、矛盾だらけすぎて、もうその矛盾がつらい。そして、そこに魔法なんてないの。その矛盾をどんなファンタジーのナレーションでくるんで成立させるか、その矛盾の間に発生する軋轢をどう処理するか、そういう、仕事。

グレーを作る、合理化できないプロセス

世間一般にホステスの仕事が形容される場合、だいたいの場合「好かれる」ところにしかスポットライトは当たらない。甘え上手とか、褒め上手とか。でも、それは好かれるだけで完結する仕事じゃない。どんなに綺麗なホステスの仕事もその魅力だけでは絶対完遂しないというか、関心をもってもらってからがはじまりで、相手の関心が自分に向いているうちに、どれだけ人間関係の構築ができるか、にかかっている。どれだけ相手のことを理解できるか、どれだけ自分の人間としての部分を見せられるか、性的魅力だけではない人間関係の繊維をどれだけ増やせるか。例えばお客さんの嬉しいものが黒だとして、自分が提供し得るものが白の場合、その二つの円が完全にぴったり重ならなくても、お客さんが「まあじゃあこれでもいいか」「こういうのも楽しいかな」と思える、相手にとって「あり」であるグレーをどれだけ相手に見せられるかはホステスの努力の世界だ。そして、グレーをじょうずに提案するには相手のことを理解していないとできなくて。

でもホステスの仕事でつらいところは、その部分のグレーのプロポーザルは論理的に説明したり、全然できないところ！　正面の論理では受け入れられない提案を、人間の感情論にどれだけ混ぜて差し出すか、なのだから。

関係を発展させたいお客さんは、言葉や行動でホステスとの関係のラインを押す。アフター行こう、休みの日会おう、旅行行こう、等々。それに対しホステスはできることを切り売りしていくわけだが、なにかができない時、なぜならの次は「なぜならあなたはお客さんだからです」なんだけどその言葉だけは絶対言えないので、そこに違うナレーションをかけて、その意図した結果を勝ち取るのがホステスの目指すところ。

そんななかでのこっちの瀬に寄ってよ（お客さんにとっての理想的な関係）、いやこっちに寄って（ホステスにとっての理想的な関係）の引っ張り合いって、お客さん側に恋愛感情がはさまればはさまるほど、合理的とは対極にあるものになる。例えば、風俗のこれとこのプレイはＯＫ、でもこれはＮＧみたいなリストは、彼女の意思はそこに明文化されているわけだから合理的なように思う。でも、クラブやキャバクラの場合、その提供できる・できないリストは、人間関係のなかで逐一お客さんが経験することと、彼女たちが会話のはしばしにちりばめてる、間接的に発してるメッセージから受けとってもらうしかない。

お客さんが、他の女の子や黒服に言う、「あいつはマメじゃないから（＝自分にあんまり連絡をくれない）」とか、「あいつはすぐ怒るからなぁ（＝自分への許容範囲が狭い）」とか、それを相手のキャラとして結局受け入れている軽口って、それこそ自分のできること・できないことを自分のキャラだったり状況設定のなかに上手に織り交ぜて相手に伝え、自分が相手にできることベースで自分のキャラを構築して相手にそのラインを認めさせたホステスのもらえる言葉で。でもそんなサラっと言われているように見える言葉は、小さないくつもの間接的なことのなかにメッセージを積み重ねて態度でした交渉の結果だ。

そんな日々のコミュニケーションの上に人間関係が作られていくわけだけど、でも最終的な「まあ、これはこれでいいか」とか「今はこれでもいいか」に落ち着くまでは、それこそ人間関係を仕事にすることの痛みで、逐一人の感情や反応に被爆し、消耗する。感情に触る仕事は感情を被るからつらい。でも縦にしろ横にしろ相手の心を何らかの意味で動かさなければ成り立たない仕事で、感情を向けられないことは不可能で。でもその感情は、すべて制御されていてポジティブで明るくて柔らかいものばかりではないから。そういうものもあるけど、欲望だとか愛憎だとか、苛立ちだとかそういう感情をあられもなくぶつけられて、人間の感情の矢面に立ち続けながら自分だって重々わかってる矛盾にファンタジーのナレーションをかけ続けることはすんごい疲れる。意思を言葉で交渉できなくて、態度だけでのぞんでいる結果に着地するよう交渉するのって本当に疲れる。くだらなくて、ばかばかしい。でもそこから合理的な方法で逃れることはできない。だってそういうヒューマンストーリーを経て形成される・落ち着くグレーだからお客さんは受け入れられるのであって、最初から私これしかできませんと限りなく白よりなグレーをパッと提示されたらそれでいいって言ってくれるひとはいない。

期待とか幻想とか、そういうもので覆われた霧のなかでやりとりして、そのやりとりをお客さんは生身の人として経験するから、結果としてこのグレーを受け入れられるのだから。そのプロセスは合理化することが不可能な、すったもんだを繰り返し、感情の軋轢に耐える究極に非合理的な時間。ひたすら相手の感情と付き合い、できることをして、運にかけ、忍耐……の繰り返しで、最終的にうまくいかないことだって山ほどある。そして一旦こんな感じかなと落ち着いた関係性も、人間関係に春夏秋冬があるのと同じように、変化する。

ホステスの仕事で相手を理解することと自分っていう存在の商品化が前衛的な部分だとしたら、お客さんにとって有りなグレーを作っていく作業だとか、そこで相手の色んな感情を被る部分、非合理的な時間に耐える部分は、後衛的な仕事だ。そのどちらかでも仕事にならなくて、両方あってこそ、両輪回しながら積み上げるのが仕事なんだけど、前衛的な仕事はもちろん楽しくて面白いのに比べ、後輪的な仕事はつらくてストレスたまってホステスを鬱にしたり胃炎にしたりする。

これは、ホステスがお客さん側に寄らない場合のストレスで、なかには、合理的に交渉してくるお客さんもいる。月いくら払うから付き合ってくれないか（＝大人の関係にならないか）とか。そういう契約をすると表面上は似たような結果がでていても、その内訳はかなり変わる。提供するものを増やせば増やすほど相手との軋轢は減るわけで、あーだーこーだへたな言い訳しながら相手と向き合うより、そっちのほうが精神的にはある意味で楽だとも思う。超非合理的な、言い訳とつめられとごねられのにらめっこを二十時間繰り返すよりも、二時間相手がほしいことをやっておくことの、どっちが自分にとって負担が少ないか……それは個人の価値観の問題、でも、どっちだってくるしい。与えなければ与えない程、相手と自分の軋轢は激しくなり、心は消耗する。でも与えたら与える分、感情労働は激しくなる※17。

お客さんって、みんなそんな面倒くさいの？　さくっと飲みにきて、その場を楽しんで帰ってくれる、そういう場を必要としている人はいないの？　ホステスとしていい対応をその場でしていれば、ただのお客さんとホステスとして甘んじてくれる、まともなひとはいないの？と聞かれそうだ。そういう人も、もちろんいる。もちろんいるんだけど、でもどんな良いお客さんでも、いい仕事すればするほど、お客さんの嬉しいことを見つけられればられるほど、気が合えば合うほど……の矛盾なのである。「この関係のままでいられますように」と願うホステスと、もうちょっとなにかあるといいなと思うお客さん（涙）。最初からそんなに大変だったらそもそも相手にしなければいい、でもお客さんの在り方も時間とともに変わっていくからむずかしい。

「係」になれば、の幻想

私は、その一対一の感情をあてられるくるしさじゃないもので仕事が作れると思ったから、係になりたいのもあった。クラブの良さは、お客さんと女の子の人間関係が、ちょっとずつその内容や質を変えながらも、存続し得るところ。人間関係が排他的で本指名一本しかできないから、

※17　アメリカの社会学者A・R・ホックシールドは「相手の心のなかに意図した感情を生むために自分自身の感情をコントロールすることをする仕事」を感情労働と提唱し、感情労働は肉体労働、頭脳労働に次ぐ第三の労働形態として認識されている。A・R・ホックシールド『管理される心―感情が商品になるとき』世界思想社、二〇〇〇年。

色恋※18の期限とともに指名替えって切れていく人間関係が多いキャバクラとは違って、指名が排他的じゃないから他に旬の子ができても指名は継続したり、ちょっと間が空いてもまたお友達的位置として復活したり、そういうことができる余地があるところ。とは言え形を変えながら指名を継続するのって大変なことだし、確率はなかなか低い。そんななかで、ヘルプの女の子から見て、係ってうらやましい存在だ。だって、永久指名だから、立場が絶対に安泰だから。単純に言えば、「女の子紹介係」になっておけば良いじゃん、他の女の子をメインで気にいってもらって自分は適度に対応しながら、違う立ち位置でお客さんと接せれるようになるのでは、って夢と幻想が、そこにはある。

もちろん、係も色々で、存在感のある係って、お客さんに認められていて、大事にされてるって雰囲気の係。だから他人任せだけでもだめなのだが（全部他人任せだと、その女の子がお店をやめたらお客さんはその子についていく）、それこそお歳暮送ったりとか接待のときに融通きかせてあげるとか、そういう管理業的な部分で仕事ができそうに見える部分が、係の立場にはある。でも、お中元送るとかお歳暮送るなんていわばテンプレート的な気遣い、人間の感情に付き合うより数百倍ラク。係のお姉さんで、お客さんと仲いいけれど、さっぱり付き合っているように見えて、涼しい顔して私は邪魔しないようお会計のときまで来ないわ、なんて言って伝票だけ持ってくる、とか、今口説かれてるヘルプからすると、うらやましいの一言。私もそういう立ち位置になりたいよー！

実際、係のお客さんだらけになって、その体感はすごく良かった。思っていたよりずっと高い自由とおもしろさがそこにはあった。でも、その先に、「だけど、結局」に気づいた。どれだけいい係やるかよりも、やっぱり自分が相手が求めるファンタジーにどれだけ付き合うかが仕事の本質で、マネージャー的な仕事したって、自分自身は依然としてプレーヤーじゃないといけなくて、どっちかっていうとプレーヤーであり続けることが必須で。係になったからって、相手にとって女であることから逃げられるわけじゃない。そう気づいたのは、自分の体感として悟ったからでもあり、また「前は口説かれたけど、もう口説きは乗り越えたのよ」って見せてる人たちだって、

※18　ホステス用語で、「義理」と「色恋」というお客さんとの関係をあらわす二つの言葉がある。色恋の色は性欲、恋は、恋愛、恋心、ときめき、みたいなものを表していて、そのどれかを自分に投影しているお客さんとの人間関係のこと。「色恋」と言っても、中学生レベルの恋心と性的関係って全然違うものなので、色恋の幅も広いのだが。反対にそういうものの入っていない関係（人情とか相手との貸し借りとかが強調されがち）は、義理と呼ばれる。でもそれらは、ぱっきりと明確にふたつに分かれるものでもなく、人間関係も時々で表情を変えたりもするし、色恋に義理を混ぜて、色が薄くなっても人間関係が残るように努力するのができるホステス。

結局それを超えられたわけじゃないんだ、と気づいたからでもあった。

「凄いお姉さん」越しに見る夢が消えたとき

お店を移ったことで、以前からのお客さんに、話してもらえることも多くなった。お客さんとしても、前のお店の係のこととか、お店を移ったあとのほうが話しやすいのだろう。そうやってお客さん越しに見えるものが、増えた。それから、二年とか毎日毎日そこにいれば、そこにいる人間に馴染むことで、お店に長くいる女の子から聞けるような話も増えた。夜のお店って女の子の回転が早くて、常に半分以上が入れ替わり続けながらも、でも一方で、三年とか四年とかそのお店にいる女の子も中にはいる（そのお店は、働きやすかったので長く働く子も多かった）。クラブの「どぎつく働くわけでもなく、そこまでがんばるわけでもなく、でもまあまあ仕事もしながら、けっこう長くなってきました」の、気質がおっとり系の子って、野心的なマインドがなくて、ふんわりしているからこそ、気が強いバリバリのホステスやママみたいな人にも好んで使われ、彼女の前でそう言う人達が無防備になるからこそ、「そんな話よく知ってるね……！」みたいなエピソードとかを彼女のなかに沢山溜めていたりする。

そうやって、色んな方面から人の話を前よりも聞けるようになった。とは言っても、そこには話を盛る人も話を曲げる人もいるから、誰の何を信じるのかは、自分のなかにフィルターがある。でもそうやって、自分ひとりの目以上の目でその世界を見るようになって、それまでより見えるものがだんだんと増えていった結果、お店の中で「パフォーマンスとして見せられるもの」と、「本当のこと」は、いつも同じじゃない、そこにどんな人間関係であるのか「語られること」と「本当のこと」もいつも同じじゃない、当たり前かもしれないそれを理解したときがあった。古くからある水商売を揶揄する言葉に、キツネとタヌキの化かし合い、って言葉があるけれど、でもそこで正直じゃないのは、キツネとキツネでもあるのです。

私のはまった六本木のおもしろさは、結果だけが求められて、裁量は自分にあるところだった。その構造は、自分のしている仕事がなんなのかは、同じお店にいても違う女の子ふたりの間ではそれはすごく違う仕事になり得て、同じお客さんを共有していても、どんな人間関係をつくるかで、そこで彼女たちがする仕事も違う、ってことを意味した。価値提供の種類が違えば、仕事として落ちてくる行動も異なる。その、「指名をとるための絶対的な努力の定義のなさ」が、そこにある余地であって、だからこそどう工夫しようとか、どうやろうとか、考えられる理由や原動力だった。

そのファジーさのなかに、私は性善説的な幻想というか純粋な幻想を投影して仕事をしていた。例えばクラブＡのぶっちぎりのナンバーワンだったお姉さん（二十六歳、私が知っているなかで一番すごい、普通のナンバーワンの倍くらいの仕事する人）とか、クラブＡで五年間ずっとナンバーワンを続けた後チーママになったお姉さんとか（三十歳）、もはや口説かれない場所を勝ち取ったんだろうとか、私よりかわすのがずっと上手いんだろうとか、なんか私には思いつかない魔法的な価値提供をしていてお客さんに認められたんだろう、とか。いいなあ、すごいなぁ。私はクラブＢにうつって売り上げホステスになってからは一番になったり二番になったりを繰り返しながら仕事をしていたが、安定してトップクラスのホステス（コンスタントに上位三位までに入っているようなホステス）っていうのと、何年間も一度もその座を譲ることなく君臨しつづける圧倒的なナンバーワンっていうのはまた別次元で、私は前者で、私がすごいなぁって思ったような前出のお姉さんたちが、後者だ。私はそういうひとたちは私が悩むようなことでは悩まなくて、なんかうまくあしらえて、なんかうまいことやってるんだろうなあ、みたいに思っていた。

周りの女の子が、あっさり「○○さんと○○さん？　そりゃやってるでしょ」とか言っても、私は「いやそんなこと絶対ない」とか強く信じていたタイプで。そこまでそう強く信じられていたことの理由のひとつは、自分も頭使って努力していい結果は出せたからで、ふたつめは、そういうお姉さんたちや頭がいいタイプのトップクラスのホステスの女の子って、一緒に仕事していて確かにはっとするくらい賢かったり、日々すごいなと思える部分を目の当たりにすることが多かったからだ。デッドエンドにしか思えない会話のなかで「そんな返しがあったか」とか、そんな切り抜け方あったのとか、全然思いつかなかった、と思うことをさらっとできたり、仕事の濃密さも、それを三百六十五日やり続ける自己管理もはるかに自分より優れている。だからこそ。でも、そのおめでたい幻想が、そこで見えるものが増えるにつれて、少しずつ壊れていった。

凄いお姉さんには、「あのお客さん、いつも見かける」ようなのレベルのコアなお客さんが、数人はいるもの。そして、そういうお客さんって、だいたい「すごく良いお客さん」に見える。他の女の子を口説かず、その係の女の子が全然席につかなくてもゴネず（だっていつでも一緒にいられるからなのだが）、その係の女性を丁寧に扱って、いくらでも店前同伴※19し、すごく物わかりのいいお客さんをやる。だから他の女の子たちにとっては、「○○さんの本当にいいお客さん」

にしか見えなかったりする。俺は彼女を応援してるだけ、みたいな。お客さんだって、またパフォーマー。でもそういう「綺麗に見せてる」人間関係がああ結局そういうこと込みでまわってるんだ、みたいにわりかしリアルに気づいた時があった。

お客さんとそういう関係を持てるか否かがホステスの有能さを決めるとはまったく思わない。客と寝ても三流なホステスなんていっぱいいるし、寝なくても一流と言われる結果が出せるホステスもいる。でも、一流から超一流になるためには、そういうこと込みのお客さんを数人つくるっていうことが必須だと思う。それはお客さん兼彼氏にするでもいいし、お客さんである元彼を別れた後もきっちりお店に来てもらってマネタイズすることでもいいし、プライベートの愛情とは別のところで自分の理解者的な肉体関係ありのお客さんを作ることでも、結果的にそうなっていれば、そこにある理由付けはなんでもいいんだけど。というか、私がまわりまわってそう気づいただけで、そんなこと業界の常識なのかもしれない。でも、ホステスの仕事の複雑さは、そんなことない！ってそのど真ん中にいながらも強く思えるくらいそれだけじゃない仕事だった。

そういう超一流のモンスター級の結果を出す人たちは、たとえ「そういう関係」であるその数人のお客さんがいなくても、「そうじゃない」お客さんたちを扱ってトップクラスに十分君臨できると思う。ただ、その人たちをもっと圧倒的な場所に押し上げるのには、その人たちのお客さんのなかでごく数人だけれど、過去や今のどこかでそういう関係も含めて人間関係を構築しているお客さんが必要で。お金も利益も込みで恋をして、別れたらもう心かき乱されるから会いたくないとか思ってるようじゃ無理で、本気で心を動かされた過去の男もすべて完璧にマネタイズする、そこまでいけなかったらそうなれない。

それに気づいたとき。それは自分にとってその仕事が、「どれだけでも工夫できる果てしない夢のある仕事」から、どこかで夢のない仕事に変わった瞬間だった。丸二年と少し働いたくらい、かな。「自分次第でどうにでもなる」のは事実なんだけど、綺麗事には限界があり、奇跡的ケースもなかにはあるけれど極々、希少。

透明な天井

※19（前頁）一緒にご飯食べる時間はないけど、お店の前で待ち合わせて一緒に入店だけしてあげるという女の子にとっては一番省エネな同伴。そういうことをやってくれるのは一番話せるレベルのお客さんくらい。

私はその場所で、凄いと思った人の仕事の仕方やいいなと思ったお客さんとの人間関係をどうやって複製するか、どうやって真似して自分流にアレンジするかをひたすら考え続けていた。でもそんな当時の私が、「こればっかりは複製できない」って思ったものは、「長年の末の義理（昔は散々口説かれた末の）」という人間関係だった。それを作るのは喧噪のなかで、お客さんと一緒に「年を取る」しかない。「○○ちゃんが二十歳の時から知ってるから」「○○ママが若いころから知ってるから」って義理、それは、近くなって遠くなって、またしばらくして近くなって、また遠くなって、でもまた近くなってってそんな螺旋階段歩いているうちにその街でお客さんと一緒に年を取った人だけができる仕事の仕方で。自分の若さを一年や二年じゃなくて、もっと長い年単位でそこに注いだことと引き換えに手にできるもの。五年とか七年とか、その「時間」がつくるものを集めて仕事をすることは二十一歳や二十二歳の私にはできないことだった。だって、時間だけは、努力でも合理でも巻きようがない。「その時の自分に可能」なピースをどれだけじょうずにかけ算しても、「これが私の仕事の限界なんだな」を見た時から、仕事はけっこう反復になった。打開するには自分のバリエーションを増やすか、できるできないのラインを変えるかしかない。

「夢を売る」って、虚像を「生きる」こと

そんな風に、「自分よりすごいお姉さん」を通して見る「色恋じゃない場所を勝ち取る」って仕事の幻想が消え、同時に今の自分ができる仕事の透明な天井を感じたのが仕事自体の見え方の変化だとしたら、自分自身のしている仕事のなかでの心理的なくるしさにも、だんだん圧迫されていった。私の係のお客さんたちは、仕事辞めたら一生縁切りたいような人はいなくて本当に皆人柄が良い人だった。あんなお客さんたちなかなかいないよ、とママにもお店の社長にも言われていたけれど、自分でもそう思う。どれほど良いお客さんだからって百パーセント本当の私で接せられて、百パーセントの本心なんて、見せられるわけないんである。

百パーセント素でいられないのは、それが相手にとっての商品になりうるよう虚で装飾するから。お客さんの思うホステス○○ちゃんなんて、なんてといって申し訳ないけれど、だいたいはみんな虚像である。その女の子をお客さんのかざすハンドライトで照らす光のなかで見た、虚像。

なんにも嘘偽りのない自分、が実像だとしたら、お客さんの見る虚像との間にあるものが、ホ

ステスである自分を成立させるための虚なのだが、その虚は、「彼氏はいません」くらいのカワイイうそというか、それ以上重ねないで済むお客さんもいるけれど、相手が自分に踏み込んできたい場合ほど、自分にとって相手に持続可能な距離でいてもらうために、小さないろいろな偽りを織り交ぜる必要が出てくる。だって、相手の求めるものを与えられない理由を、ちがう理由で説明することが必要になるから。今週末会えないのは、友達の結婚式があるから、両親が東京に来るから、教習所に通ってるから、大学のゼミ合宿があるから、資格試験の勉強があるから……というのは、二十代のホステスがお客さんと休日に会えないあるあるリスト。そんなに、色んなもので固めなくてもいいお客さんもいる。それは、自分から遠いお客さん。自分のことをそこまでたいして好きでもなく、おなじみのホステスくらいに思っていてくれて、そういう人って、相手がつめてこないから、言い訳する必要も、くるしまぎれになんかそこにつくってだす必要もないから、わりと自然体でいられる。それがホステスにとって「口説かないお客さん」という存在。でも、自分を求める相手ほど、持続可能な距離でいてもらうために、そこに死ぬほど言い訳しまくる必要が出てくる。

そうやって防衛するためにもまとう虚もあれば、相手の頭のなかにつむがれる「○○ちゃん」

のイメージと矛盾するものを隠すための、虚もある。相手にとって自分の商品価値を毀損しないために言わないでおくこと。私にとってのお客さんに根本的に言えないことは、大学やめたことと、アメリカの大学に行きたいからそこで働いているってことのふたつだった。大学生アイデンティティはアフターや昼間や休日のお客さんとの付き合いを角を立てずに減らす方法だからだし、アメリカの大学に行きたいっていうのを言えない理由は、それはお客さんが応援する夢じゃないから。

でも、そんなことにも仕事しながら気づいたもので、ホステス一年目くらいのときはそこまで深く自分につっこんでくるお客さんもいなかったので、「りのちゃんはなんで働いてるの？」「留学したいんです」「そっか〜」くらいのあれで終わっていたのだけれど、あるとき以降、お客さんの一言で、お客さんに応援される夢と受けない夢があると気づいていった。

「なんで働いてるの？」はよくある質問。それに対してネイルサロンやりたいとかカフェやりたいだとか、そういう美容系・事業系の独立話はホステスが仕事する理由に語るよくあるものだけれど、それはいわゆるお客さんに応援してもらえる夢だ。それは、その夢のなかにお客さんが自分の居場所も関係の継続性も勝手に想像できる夢だし、自分の好きな子が夜やめてくれる夢だから応援できる。でも一方で、夢が叶うことがお客さんの夢の終わりを暗示するような夢は、お客さんには受け入れられない。だから、長期の留学、まして四年はかかる大学留学なんて、自分のことが好きなお客さんほど、絶対言えるわけがない。

「遠くに行っちゃう系」は口に出してはダメなんだと自分に気づかせた一件は、ホステス一年目の後半、指名してもらっているすごくさっぱりした感じの気さくなお客さんに、「きみはなんで働いてるの？」と聞かれて、アメリカの大学に行きたいの、とほんとになんの気なしに答えた私にその人が意外なほど強い反応を見せたからだ。「そうなの？　うーん……俺はそんな女の子はいいわ！」と言われて、「え、なんで？」ときょとんとする私に、「いなくなっちゃう女の子にいれこまないでしょう。俺ときみとはもう今日が最後だな……(笑)」と最後は明るく冗談風の終わりだったが、でもそのあともずっと「そっかぁ、きみはいなくなっちゃうんだな」と繰り返していたから。あ、けっこうホントにいやなんだ、って、こんな距離でもこんなさっぱりめな関係でも嫌なの？と感じ、それ以降、アメリカの大学に行きたいという話はお客さんには一切出さなくなった。夏休みに短期留学したいんです、くらいにとどめておいて。

だから、お客さんには、今も大学行ってることにしておいて、アメリカに行きたいことは口にはしないで、それから彼氏はいないことにしておいて、相手への感情も、「お客さんとしては好きだけど男性としては絶対なし」とか思ってるって、言ってはいけない。行動でノーは示せても、言葉でそれは言えない、それだけ。でも、それだけ逸脱できない線があれば、それは、自分であって、でもナチュラルな自分でいられる相手、じゃない。

でもそうやって、なんらかを修正・加工した自分のキャラクターや感情や自分を取り巻くものの設定で相手に接して、どこかに不自然な無理さがある上で人間関係を構築して、その継続した人間関係のなかで付随的にふりつもるっていく虚のなかで過ごすっていうのは、そのお客さんと過ごす時間が長くなれば長くなる程、ヘビーになる。月に一回しか会わない相手だったらなんでもないけど、そのお客さんが毎日連絡のくるような人で、週に三回会う相手ならけっこう苦しくなるし、その頻度が二年とか続いたら、窒息しそうになる。

私のお客さんは、結局どうなの、みたいなそこまでどぎついはっきりした答えを迫ってくるお客さんって、いなかった。いなかったというか、そういう人もいたけど、そういう人は一瞬で切れるので、自分に長く残るお客さんに、そういう人はいなかった。ほしがられるものはもっと婉曲的で、心を含む恋愛関係だった。たしかにそれだと、長くは続く。でも、お客さんの精神的な恋愛に付き合うのって、すっごい疲れる。

会ってる瞬間だけの役回り、ならいい。でもホステスの仕事って、明確にオンオフが切り替わることが無いのがその性質で、物理的に離れていても携帯通してお客さんとの関係の継続性のなかで常に心理的に隣り合わせ（全部のお客さんとそんなに近いわけでもないけれど）。その間ずっとそれに付き合うって、心は全然自由になれない。

ホステス時代の後半に、お店の女の子の友達と五人で海外旅行に行ったことがあった。携帯の充電切れで、飛行機を降りてから何時間も電源が入らない私は、その夜ホテルについて、何よりもじゅうでん、じゅうでん……だって「着いたら教えてね」って言ってたお客さんがいたからだ。別にずっとつながらなくちゃいけないわけではなく、一通いれておけばいいのだが、その一通があるのとないのでは大違い……。旅行中、そうやって時おり携帯をいじってる私に、一緒に旅行していたホステス友達の亜美ちゃんが「彼氏？」と聞いたことがあった。「ううん、お客さん」というわたしに、「え、今、海外旅行中って知ってるでしょ？」と。「え、それで連絡とれなくなって平気？」と何気なく言ったら、亜美ちゃんが、「うん。一週間、携帯の電源が入らなくても、別に大丈夫かも……メール来てても、海外旅行行ってました、ってあとから言えば良いかな」と言って、私は「嘘でしょ?!」となった。当時の私は、携帯の電源が入らないのは半日が限界、みたいな感じだったからだ。というか、海外旅行行くって言ってそのまま音信不通だったら、彼氏と旅行してたのとか、あとあと邪推されたりしたほうが大変なので、相手が嫌がることをしないようにすると、そうなってしまうわけで。一週間携帯の電源入らなくても平気なんて、考えられなかった（でも、亜美ちゃんはママのお気に入りのヘルプで毎日五時までアフターで、一時の閉店後の十五分後には自分の部屋にいることのほうが多い私にはない負担がある。それから亜美ちゃんはそんなに上位のホステスじゃなかったので、あまり並列には語れない）。

彼氏は、スーツケースもって「行ってくるね！」、のあとは放置しといて全然問題ない。だって、彼氏だから。ホントに恋愛してるから、恋愛の実が全部あるから、友達との旅行中に別に連絡なんてしなくてもいいし、でも帰国したらその足で真っすぐ家に行けばいい。彼氏様！でもお客さんは、実がないからこそケアがいるというか、実がないからこそこじれるとめんどくさい、実がないからこそ相手はいじけやすい。私がそれだけ気を遣ってたのに、帰国後のふとした時に「海外旅行行ってるときは、全然連絡くれなかった」って言われて、私は「え？　はい？　あれで?!」だった……。心を求めてくるお客さんって、必要とされたい人が多い。

「着いたら教えてね」と言っていたお客さんは、その数ヶ月後に、私に家賃を払いたいと言った。といっても私は当時大学の友達と住んでいるってお客さんには言っていたので、払ってもらっても家にあげるわけでもなく、お客さんには実利はゼロみたいな話なのだが、その人は、私の家賃を払っている存在だって感覚がほしかったのだと思う。私との特別なつながり。肉体関係とか、そういうはっきりしたものが無い場合ほど、心を求める相手はそういう精神的なつながりの濃さを求める。それって、「え、払ってもらえば?だってなんにも求めてこないんでしょ?」なんてお気楽な話じゃなくて、それって、すごい重いものを求められる。それは、頼ってるっていう人間関係のファンタジーを生きるっていう、負担。そのお客さんは、毎週同伴でごはん食べて、週に三日とかお店に来るお客さんだった。もうその近さがわたしにとっては限界で、それだけ生活のなかにいる人にそれを提供しなくちゃいけなくなったら、考えただけで押しつぶされそうだった。だから、それは断った。家賃は自分で払いたいから、とか言って。

なんでそんな話そもそも出てきたの?!と困った私がとっさに言ったくるしまぎれのその言葉は、今考えたら、けっこうよくできているな、と思う。だって、本心は「え、なんで? 払ってもらう理由とかないし、やめてよーやだよー」を、「家賃は自分で払いたいから」って、「あなたに払ってもらいたくない」って相手と自分の関係による拒絶・相手への自分の感情による拒絶じゃなくて、なんか自立心のある子（？）の気持ちに聞こえる余地がある。これは、自分の意思（その相手だから発生する意思）を性格として相手に理解してもらう、っていう例にもなるが、そんなこと考える時間もないときに、瞬間的に出た言葉で、あとで「長々言わなくても、たった一言でその場を流せて良かった」ってほっとしたから、覚えている。

そんなこと毎日全方位に言われるわけじゃないが、でも、自分の意思をどう表示するか、どう「結果そうなる」を違う言葉や理由で説明するか、レベル感の違いはあれど日々そんなコミュニケーションに囲まれているって、少しずつ負荷を心にかけていく。お店のホステスの友達に、「りのちゃんって、お客さんの前で自然で、やりたいようにやってるようにしか見えないよー。優しいお客さんばっかりで、うらやましい」って言われたことがあった。たしかに私は、相手に徹底して合わせるというよりも、絶対ここは合わせないといけないってところ以外は、すごく自由にやっていたと思う。近しいお客さんに対しては特に、こっちに合わせてください、だった。でも、「こっちに合わせてください」ってしているように見えて、それは、そうしても問題ない部分だからそうしているだけで、もっと前提の部分では、相手のほしいものに合わせている。だからそれは、「やりたいようにやっている」ように見えても、本当の本当はそうじゃない。その頃急性胃腸炎で、四・五日入院したことがあった。病院で、家族も来ているからっていう理由でお見舞いも断れて、病院だから携帯使えないって連絡全部無視で過ごせたその数日間、その間携帯の画面越しになんの感情に無理もしなくてもいいその時間を、当時の私は、「天国！」と思っていた。

ホステスにとってのお客さんにはポートフォリオがあって、色んなお客さんがいる。「一番近いお客さん」とは、私の場合は精神戦だった。「好かれる」って、重たい。そういうお客さんは、逆に言えば、重さに耐えること、言い訳することが仕事で、もはやつむぐ努力なんて、いらない。一方で、もうちょっと遠い、「普通の距離くらい」のお客さんには、それとは違う正統な営業努力がいる。上手に営業メールしたり、っていう。

それは、営業時間以外に素顔の自分を上手に見せることが「いい人間関係」（色だけを求められない比較的まとも度合いの高い人間関係）の構築に必要だから。お客さんって、夜だけにお店が開いている時間だけにそこに存在する二次元的な画面に描いたような女の子より、立体的な女の子が好き。ちゃんとそこに生身感があること。触れる事ができるっていうのはひとつの安易なリアル感であるのに対し、どれだけ昼間の自分感をお客さんに上手に見せられるかはその代替手段で、昼間にお茶するのもそうだし、夕方や夜だけじゃなくて午前中や昼間にメールするのもそう。その仕事は自分のプライベートの時間をどれだけ戦略的に仕事と混ぜられるか、そういうマーブル模様をいかに上手に作り出して仕事の利益に結びつけられるのか考えられる賢さがないとやれなくて、そこで一番仕事する人って、自分のプライベートと仕事を一番混ぜられる人、仕事とプライベートの行動を重ねられるものは全部重ねた人だ。だからこそ、メールの内容になりそうなものは、全部仕事のネタ。女友達と温泉行ったも、もんじゃ焼き食べたもなんとかしたも自分の生活にあるものすべては営業メールのネタで、「これ○○さんが好きそうだな」とか、「○○さんが〜って言いそうだな」とかお客さんとの共通言語になりそうなものは全部携帯で写真にとって仕事のツール化（でもそうやって、ちゃんと会話できるようになると、また一瞬で、色恋の恋のほうに傾いたり。そしたら、結局、まともだからこその、心を含めた恋愛を相手はほしがる）。

そんなふうに生活すれば、携帯の着信履歴も発信履歴もお客さんばかりで埋め尽くされるし、ホステス後半は、そういえば選挙の投票ですらお客さんと行ったし、失恋したって、なにがあったの元気ないねとなぐさめてくれるのは優しいお客さんだったりするレベルである（失恋したから元気ないとは言えないけれど……）。当時使っていた携帯に一位〜三十位のメールと電話の発信着信頻度を示す機能があったのだけれど、かろうじて一位の彼氏とひとりふたりの仲の良いホステス友達の女の子の名前をのぞいたら、残りは全部お客さんだった。日々の自分の生活を取りまくのはそういう人たちとの時間で、でもそのどの瞬間も、「本当の自分を自然に生きる」こととは違う。

虚像を生きる副作用

その頃、りのちゃんとしてばかりいつも生きていて、私の抱えている実の時間はトレードオフとしてどんどん減っていった。「虚」の中の人とのやりとりにも、自然な感情も笑顔もいろいろあるのだけれど、「仕事をしている私」もわたしの一部なのだけれども、それでも虚は百本集めても実にはならない。常に虚を抱え仕事をして、私は自分を守っているはずの、それだけの可能性を生み出しているその虚に自分自身が窒息しそうになっていた。虚は百本集めても虚でしかなくて、一瞬で消えるかもしれない虚を集めてその薄氷の上に立っているような不安感がたまらなく嫌だった。自分を生きていない時間の長さと、虚ばかり背負うその心もとなさは自分を内側から巣食っていく気がした。今となれば、実がないから不安だったのだろうなと思う。でも、その頃は、不安の源がわからないというか、どうして不安になるのかわからなかった。ただ、恒久的な不安感から、逃げ出したかった。

私は、大学やめて、お金貯めよう、で夜の世界に入った。その時、「がんばる」とは思っていたけど、「入る」なんて意識もあったのか分からないくらい、それは自然なはじまりだった。右も左も分かんなさすぎて、昼間も働く、なんて気持ちの余裕すらなく、ひたすら目の前の日々を駆け抜けるように過ごした。仕事に慣れたらなんか昼もバイトはじめようかなって思っていた気がするけど、夜始めてみれば、目の前に「がんばれること」って大量にあって、中途半端に昼もバイトするより、夜成果をあげるために昼間も時間を使ったほうが合理的に思えて、そんなことといつしか考えなくなっていた。だから、そうやって夜の世界で生きることが苦しくなりはじめた頃、別の世界がなかった。

でも気がつけば、仕事のもたらす世界は、その虚の海、相手と自分の感情の軋轢の海で、窒息しそうだった。だから最後のほうは、昼間は歯医者の受付でバイトをしていた。それはお金を稼ぐためっていうよりも、違う世界をつくるため（だって歯医者の週三のバイトなんて、一日多く夜出勤すれば回収できる額)。ホステスの仕事と全然関係ない世界がほしかった。歯医者の受付の仕事が「面白いか、面白くないか」と言われれば面白くはなかったが、私は朝八時半に家をでることが嬉しかった。そこに数時間でも違う空間ができたことがすごく幸せなことで、水商売じゃない空間のなかに自分が存在していることがほっとしたし、精神的に頭の中で洪水が起こりそうな状態に、ちいさな穴をあけられたような気分だった。ホステスの世界は、悪く言えば虚と偽りの世界で、よく言えば、夢と可能性の世界。時々行くんじゃなくて、何年も毎日そこに生きるって、けっこうしんどい。

歯医者のバイトはその時の私にとって、自分の心をなんにも刺激しない、「ほどよく違う世界」だった。それが必要だったのは、その頃、「思いっきり頭を取り替える気分転換」ってすごく難しかったからだ。お客さんにオンもオフもそれだけ囲まれて過ごすって、素直な感情だけでは付き合えないお客さんとの間で、感情に少しコーティングをかけて生活するように日々。そんな死ぬほどの無理をしているわけではないが、どこかでは自分を抑えこんだ不健康状態を続ける、的な。ちょっとの不健康をずっと続けるならできるが、すごく健康になったり不健康になったりするのって体がついていかないというか。その頃、ホステスはじめる前の感情に無理をすることが一ミリも要らない友達と久しぶりのご飯会とかすると、そこから地味に無理し続ける状態に戻ってくるのがつらかった。その時すっごく楽しいんだけど、その次の日がものすごくくるしかった。心が反抗期みたいになって、お店で言う、年齢聞いて「えー、見えない！　お若く見えますね」程度の言葉ですら、言いたくなくなった。だけどそんな心抱えてしまうと、自分が困る。そんなお世辞のひとつで心が血を流しはじめたら、その世界にある全部がつらいのは当たり前。だけど、「本当の素」に引き戻す友達とあったかい時間を過ごすと、免疫システムが壊れた新生児になるというか、反動がすごくて、一切の無理ができなくなる。だから、「自分を解放してリラックス」みたいなのって、できないんだな、とその頃思っていた。それは多分、本当に夜の世界にいることが限界になっている段階のこと。

ホステスとしての私の生活もその世界も、私の愛しているもの・自分をすごく健康に生かしてくれたものと、私を発狂させそうになるものの協奏曲みたいなものだった。その回転が健康な、根本が幸せな生活なら、特別な物質的な豊かさなど無くてもしあわせでいられる。でもその不健康な歪みを根本的に解消することは不可能なのだから、その根本のゆがみに気づきながらもその歪みはその仕事をする以上絶対についてまわるひずみでそのゆがみとどこかで折り合いをつけて生きて行かなくちゃいけなくて、根本的に自分をその苦しさから救う方法が思いつかない私は自分をだましだまし続けるしかなくて、同伴のお店選べるときはミシュランの店の行きたいところをまわるとか、プレゼントしてもらうブランドものやラグジュアリーなもの、そういう物質的な一流のものを手にすることで自分を「ちょっとしあわせ」にしようとしていた。そんなもので本当に幸せになれるなんて思っていない、でもちょっとしあわせにはなれる。積みあがっていく、エルメス、カルティエ、シャネルの箱。そういうものを前にすれば感情を犠牲にできるようになっていったわけではなくて、むしろその生活を続ける不可避のつらさを、そういう物質的なもので埋めようとしていた。そういうものでしか自分をしあわせにできない、そう思ったとき、こわくなった。すごい深い海にいて、窒息しそう。でも、気づいたって、そのねじれを、どうにもできない。

最後の半年間強くらい、それはちょっとだけカビが生えちゃってるスポンジケーキに芳しい生クリームを塗っていて食べ続けるみたいな日々だった。どうせこのスポンジを食べ続けなくちゃいけないんだから（この生活回し続けてこの仕事し続けなきゃいけないんだから）、一流の生クリームを塗って食べる。でも、その生クリーム中毒だからそれがやめられないわけじゃない。本当は、そんなケーキなんてもう丸ごと欲しくはない。

頭がよくないとやれないけど、頭がよくなると、失うもの

バカと無邪気は紙一重で、バカと賢さは対極にあるもので、普通の文脈ならバカより賢いほうがいい気がするが、ホステスの文脈で頭が良くなっていくことは、私にとって嬉しくない体感の副作用をもたらした。

ホステスの仕事を綺麗な言葉だけで表現すれば、「お客さんの喜ぶことをさがして、する」に限る。これはすべての根本だし、プレイヤーであるヘルプはそれだけ考えていればいい。でも、お客さんと自分だけじゃなくて、ほかの指名の女の子も含めてのお客さんの体感も考える係の仕事は、おもしろい一方で、心が老ける。自分が理解して自分が実行する分には言語化する必要がないから、「ああこのお客さんこれが嫌いだからこれは避けよう」とか、「こういうことは喜んでくれるのか」って自分でぱぱって考えてぱぱってすることでも、自分の係のお客さんのことを他の指名の女の子やヘルプの女の子にそれを理解してほしかったら、どうしてもそれを言葉にすることになる。全部は教えないけれど、「○○さんはこういうことが嫌いだからこういうことはしない

ほうがいいかも（というかしないでね）」とか、「こんなことは喜んでくれるよ」とか。相手が喜ぶことを考えるって、すごく好きなことだったけれど、そうやってあまりにもそういうことを意識的に、どう戦略的に人の心を動かすかを考えて、かつそれが自分の頭のなかで完結するんじゃなくって言葉にするようになったら、自分が、純粋な可愛らしさをどんどん失っていくような気がした。二十二歳の私はその時どうにも自分が老けた気がした。

それって、せつないねじれ。だって、そうやって「考えてる」からこそ、気遣いできて、考えてるからこそ、頭使って仕事できて、それらができる分、何も考えられないからやるような仕事なんてしなくてよくいられるのに、考えることの先にあるものは、意識的を百倍濃くしたような自分で、それは無邪気であることとは、対極。

その気持ちにふっと苦みを感じたとき、新人時代に、最初のお店のナンバーワンのお姉さんの恵美さんとした会話を思い出した。ナンバーワンも色々だが、そのお姉さんは、色気以外にもすごい汎用性の高い能力を備えている人で、部下の使い方も育て方も引き出し方もお客さんとの義理の作り方も、あんなに凄い人って今振り返っても、エリートビジネスマンのなかにだってそうはいないと思うような人だった。

私と恵美さんとお客さんの三人でカラオケバーにアフターに行ったのだが、でもそのお客さんが椅子で眠っちゃって、私と恵美さんがふたりの状態になってしまった。「起こして帰ります……?」という私に、「もうちょっと待って、三時になったら起こして帰ろう。今起こしたら、まだ帰らないって言うから」というお姉さん（そのお客さんは三時だったら帰るが、二時だったらまだ歌う、っていうお客さんだった）。「じゃあ、なんか飲みます……?」と聞く私に、「ウーロン茶。りのちゃんは?」「わたしもウーロン茶……」みたいな感じで、寝ているお客さんの横で、ちょっと声のトーンこそ落としめでおしゃべりして、もはや、若干女子会状態だった。

寝こけているお客さんから数メートル離れているとは言え、お姉さんの彼氏の話から、お店の他の女の子の話だとか色んな方向に話は発展し、私は何気なく、紗知ちゃんという女の子の名前を出した。紗知ちゃんは、ナンバーワンの恵美さんに次ぐ成績の女の子で、私と年齢の変わらないホステスの子だった。彼女は、六本木のクラブ基準で人目を引くほど美人かと言われるとそんなことあんまりなくて、かといって話術がそこまであるようにも見えず、でも成績はすごく良いホステスだった。人の仕事って、指名がかぶるお客さんが多いとよく見えるのだが、私と紗知ちゃんは全然お客さんを共有していなかったので、紗知ちゃんの仕事の横顔ってあまり見えなくて、その分私のなかではミステリアスな存在だった。でも、ときどき通りすがりに聞こえる、紗知ちゃんと他の女の子がお客さんについてしゃべってる会話とかから、彼女って並外れて頭が良いんだろうな、とは感じていた。ホステスの頭の良さって、お客さんについてしゃべってるところを聞いたら、けっこう分かる。

「紗知ちゃんって、すごいですよね。だって、見た感じとか、すごく普通な感じ。恵美さんとかありさちゃん（リアル峰不二子だったホステスの友人）みたいに、すごく目を引くってタイプでもないじゃないですか。なのに、あんなにやれるのってすごい」と、私は自分の不思議さを素直に口に出した。色気のかたまり、みたいなそのお姉さんは、私の言葉に、ゆっくりとした不思議な口調で、こう返した。「……紗知は、プロだからね。『ハタチのかわいさ』を売りにしてるけど、でもあれで二十歳だったら、あの子の人生、かわいそうだよ」とその時の私が「え？」ってびっくりするような言葉をさらっと言った。文字にすると、きつく感じるけれど、口調はやわらかで、強い毒気のある言い方でもなかった。私は、その時その言葉の意味が分からなくて、「？」みたいな感じだった。ピンと来ない私はそれ以上それについては言葉を返さず、なんとなく違う話をして、その夜は終わった。ただその時の恵美さんとの会話はそれ以外にも色々印象深くて、心のどこかに残った。そして二年働いた頃、私はふとその言葉が理解できるようになっていた。

そのお姉さんは、なんでもできるからかわいそう、なんて言うほど浅い人でも偽善ぽい人でもない。紗知はハタチだけどプロ、だからかわいそう——その一見「なぜ？」に思える論理をつないでいるのは、紗知ちゃんが、行動としてなにかができるからかわいそう、じゃなくて、もっと深い。

「紗知はプロだからね」の意味は、私は、自分の一挙手一投足を相手への商品として意識し、自分の行動が相手にどう響くか分かっていて、すべての行動を、意識的にコントロールして生きている、それで、自分を自在に商品化できるくらい肝が据わってる、言い訳して、受け身でびりながら切り売りしてるんじゃなくて、自分でもはや能動的に切り売りできる、それをやった上で輝ける強さがある、ってこと（ここも肝要）、それが、その時のそのお姉さんが短く言った「紗知はプロだからね」の意味だと思う。なにも考えずにお客さんと寝ても平気、じゃない、その頭の良さこそが、そう言わせてる。でもそれは、そのお姉さん的には、「ハタチだけど、もはやハタチでない生き方」。

その時わからなかった、でも、老けたような自意識を感じたとき、それがなんとなくかなしくなったとき、そのかわいそう、が初めて想像できる意味を持った。

でも、別にその人がかわいそうかどうかなんて本人にしか分からないから大きなお世話。それは皮肉かつ、一種のいちゃもん、でもある。だって、そのお姉さんは、少なくとも紗知ちゃんと同じように、そうやって意識的に生きてるからだ。というか、自分がそれだけ頭が良いから、お客さん越しに見える紗知ちゃんの頭の良さが見えて、二十歳だけど、この子は自分と同じように相手もプロ、そう思うから、その言葉が出たはずで、紗知ちゃんだけが「プロ」ならそんな言葉出てこない。自分だってそれだけ意識的に生きてるくせに、まあ彼女は二十六歳だからというのはあるけど、自分もかわいそうですかって聞いたら、「いえ、全然」って言うと思う。

そのお姉さんが、お客さんの映画のエキストラに、通行人で出たことがあった。それを見た別のお客さんが、「恵美ちゃんってこんなに華やかなのに、ああいう普通の格好してると、なんか、すごいふつうだね」という失礼な、でもたしかに、と思う言葉を言ったことがあった。恵美さんは、「そうなの。わたし、こういう格好しているほうが、輝いてるの。ここにいるほうが、全然良いでしょ」って笑っていた。

ドレス姿の華やかな彼女、絶対的なナンバーワンは、彼女のアイデンティティだった。「ママになんてなりたくないから、ずっとはやらない」って言っていたけれど、その仕事をしない恵美さんなんて、私は考えられなかった。華やかなドレス姿は、彼女の色気だけをあらわしてくれるものじゃなくて、彼女の人間としての頭の良さやセンスや能力の全部を具現化する彼女の乗り物。秘書には戻れないでしょ、水あげされたら、持て余すでしょ——そう、思っていた。※20

その仕事って、いろんな能力を可視化するリトマス紙で、自己実現と、自己効力感を感じられることと、でもそれをつきつめていくと出てくる不可避のくるしさの、嬉しいものと嬉しくないものを混ぜ合わせたグラデーションでできたものさしみたい、と思う。

私がその世界に入ったころ、それは、あまりにも自然で、そこで仕事をすること、時間を注ぐこと、その先に、なんの変化も別にない気がした。ウエイトレスや受付よりはるかにおもしろいし、自分がすごい引き出されるし、私はこれで夢に近づける、ポジティブしか感じなかった。その先に、自分の仕事の仕方や働き方のバランスを見つけるくるしさだとか、お店移ってお客さん持っていく大変さだとか、係の仕事だとか、その全部ナチュラルにつながっていったそういう一通りを経

※20「水あげ」はホステスの女の子が、お客さんに経済的な面倒を見てもらう辞め方をするときのお水用語。お店をやめて、誰かの専属的な愛人になるイメージ。

て、気がつけば、心の調律は全然違う世界に居た。

私がしていることは、ドレス来て、おじさんとしゃべって、次の日お礼メールをして、そんなどうってことのないことの繰り返しだったのに、気がつけば、自分の生活のなかで、虚で塗り固めた人間関係に囲まれて、生活のほとんど全部はそういうもので埋まっていた。それらに付き合ったり、ときどきアフター付き合ったりしていたら、日は過ぎる。でもそこに、偽りのない自分としてつむいでいる時間がなくて、すごく不安。実がないから不安。いつか消えるかもしれない全部虚飾のなかに咲く花みたい。自然さ、ナチュラルさ、ロハスさ、素朴さ、彩り豊かすぎる彩度の高い世界のなかで、真っ白なリネンが恋しい、もうお金なんて稼げなくていいから、自分の感情に素直に正直に生きたい、そんな感じだった。

その頃、同じお店のホステス友達の百合ちゃんと、こんな会話をした。「なんか最近、もう新しいお客さんを開拓する元気もなくて。昔からのお客さん（もうすでに一定の人間関係が出来ている相手）に甘える比率が増えちゃう。良くないのは重々わかってるんだけどさ」とため息をついた私に、「えぇ～、それ、自分が苦しくなるだけだよ～……今はまだよくても、だんだんきつくなるよ」と超頑張り屋な上にまれに見るほど性格が良い百合ちゃんにシンパシーのこもった目で言われる。知ってるよ〜、わかってるよ〜。そうなんですよ……。お客さんとの関係は、だいたい新しいお客さん・もしくは浅いお客さんのほうがどちらかといえば健康的で、長くて深いお客さんのほうが精神的に不健康。人間関係が醸造されてるし、虚で埋め尽くされてるし、お客さんも苛々してきていたりしていて、お互いにあまり新鮮さもないし。まあ、でもゆうて人間関係ができているので、それでも楽なのは楽である、的な。そっちに寄ったら苦しくなるけど、もはや新しい人をつかむ気力も若干ないんです〜……。

だって、心をつかめるようがんばって、がんばって人間関係構築して、できることの切り売りを繰り返して、自分ができる範囲で関係を持たせる（指名と来店の継続）——そこの後半のどこかに、私は出口があるって信じていたからやれたのでもある。係としていい対応をすれば、接待でも使える店として信頼されれば、性的魅力だけじゃなくて人間的魅力があれば、人間として認められる部分が大きくなれば、私は口説かれることのくるしさ、ホステスの本質的なつらさから逃げられるかも。恵美さんや詩織さんや愛さんやまりさんみたいな華麗な立ち位置に行けるのかも。でも、無理なんだと悟った。そこから逃げられる人なんていないんだ。どんなにいい係になっても、この仕事する限り、「口説かれなくなる」ことはない。正論や本音だけでお客さんと付き合えることもなくて、仕事の仕方は合理化できても、お客さんとの関係って永遠に合理化しきれない（私がラインの引き方を変えない限り）。私とお客さんの攻防戦というか店以上になってほしい相手と、お客さん以上にしたくない私の、利益の相反する二者のせめぎ合いはその相手こそ変われど永遠に続いて、相手のファンタジーを生きることから、虚をつくって逃げることから、終わらない感情労働から逃げられない。

日々のコミュニケーションのなかで能動的にお客さんとの人間関係を構築していく作業はおもしろかった。そこに鮮度がありながら、その先に出口があるって幻想をもっていたから、私はそこまでやれたのだ。ああこれに出口はないんだと悟った時、最初からの永遠ループを新しいお客さんと紡ぐ体力と気力を、持ち込めるかと聞かれると、そういう気持ちのエネルギーがもうなかった。

夜の世界に居はじめた頃、個性を商品にする仕事をして、色んな言葉の反射のなかで自己認識が鮮やかになっていくのが、楽しかった。魅力も感情も、幾人ものそれらの全部が反射し合う鏡の世界は、そのなかに居ることが、面白い。そのつぎ、そんな人間ラボのなかで、どれだけ人間関係の糸や繊維を読んでいけるのかをしているときは、もっとおもしろかった。人間観察の面白さの極致だったと思う。でもその極みのなかを生き続けたら、無邪気さが恋しくなった。人の感情や魅力が濃い、彩度の高い世界に魅せられていき、でもどぎつくなりすぎた世界に耐えられなくなった、その世界の自由さに感動したのに、本当の本当は私の望むように自由にはなりきれないことに気づいた、そんな感じだったのかな、と思う。

そこまで最後は心が追いつめられた、でも、そこまで追いつめられても、私が前半で語った、その仕事の魅力も、その世界の魅力も、別に消えたわけじゃない。それは、自分を解放してくれた体感と、魅力や愛情と、うんざりするような嫌悪が混ざり合っていくようにして、私の心のなかに鮮烈に残った日々の記憶。それでも、私はその仕事を絶対否定できない。だって、自分が生かされたものだから。

「夜働く」に向けられがちな視線と自分の体感の間の距離

クラブでもキャバクラでも、女の子が夜働くことについては、いろんな言葉がとぶ。たとえば、「女を商品化して異性に指名されるのは、女性としての自己承認欲求が満たされる」「女を商品化するのは魅惑的で中毒性がある」という、キャバクラをテーマにした社会学の修士論文が書籍化されたものがある※21。女を商品化して、私は嬉しかったんだろうか、それが楽しかったんだろうか。クラブとキャバクラの差は脇に置いても水商売の文脈で女性性を商品化するってことへの一考察だとして当事者として自答すると、そう単純には言えないと思う。だって私はあの時、相手にとって女だってことから逃れたかった。

存在っていう意味の女性的価値を前提として個性を商品化することはおもしろいけれどそれは生身の女として求められることのつらさと隣り合わせで、その苦しさから「やめてよ」って逃げられなくて、その求められることを「言葉じゃないもので」かわしながら生きるっていうその矛盾と非合理性に耐えることだった。異性としての魅力を前提としてどれだけ人間としての部分を重ねても、結局その前提部分を引き抜いたら壊れてしまう、それがすごくつらかった。自分を商品化している場所で自分の女性性をかざして仕事することと生身の女として求められることは切っても切れない表裏一体の関係にあって、そこにあるのは女としてチヤホヤされるようなおめでたい幸せだけでなく、私が商品化している自分とそうじゃない自分、仕事とプライベート、それらを都合良く切り離せずに苦しんだことを自分に思い出させる。

自由意志でする性の商品化には、魅力だけじゃなくて、そこにあるコスト分としての疲労・疲弊がともなう。それは表裏一体のもので、どちらかだけでもない。そこにある本当の魅力もその提供物に付随する不可避の疲弊も、あんまり語られることがない、と思う。それは、人によってそこに何を投影して魅せられていて、何に疲弊するか、一様ではないからでもあって。痛さの出方・ホステスの追いつめられ方も、ホステスの仕事の仕方が人それぞれなように、それもまたさまざまで。売れないからこそ追いつめられる精神的な消耗だったり、できる・できないの線を心から血を流しながら引き直す痛みだったり、合理的と思って売ったものと割り切ったはずの感情に引き裂かれたり、漠然とした不安感だったり、ただの自分を生きる時間のなさだったり。でもどんな痛さであっても、その痛みから、そのコストから完全に逃げられる人はいないと思う。

でも、工事現場で肉体労働をすれば筋肉痛になるように、女性性を商品化して市場に出せば、その分なにかが疲弊するのは、ある意味普通な話で（ただ、その痛みは目に見えにくいだけで）。痛がっているからって、その人たちは被害者ってわけでもない。それは女性であるという前提に

※21　北条かや『キャバ嬢の社会学』星海社新書、二〇一四年。

立ってその痛み込みで仕事をするという、生き方のひとつが、そこにあるだけで。

こんな言葉も、またよく向けられる。ホステスはお酒を沢山飲まなくちゃいけないいんじゃないか、枕営業しなくちゃいけないいんじゃないか――つまり、「ホステスは、なにかをしなくちゃいけない仕事」というイメージ。当時、私が夜働くのに反対していた知人のお姉さんに、「でも仕事なんて選べるし、大丈夫だよ」って言ったことがあった。そうしたら、「女の子に無理とかさせない、良いお店なんだね」って言われた。ホステスの仕事って、女の子が何かを強いられるイメージが強いんだなと思う。でもその仕事って、たいして飲まなくても何の問題も無いし、お客さんと寝なくても、当たり前にやれる。そこでの仕事というのは自分の意思の積み重ねで、人に強制されるものじゃない。クラブでトップクラスを張っている女の子のくるしさって、「本意じゃないことをさせられるくるしさ」にあるのではなくて、「押し付けられることをしなくちゃいけないくるしさ」にあるのでもなくって、それはむしろ「自分の受容可能だと思って選択したものを生きるなかに発生するくるしさ」、で。そこでのくるしさがすべて前者ふたつのようなものだと思ってるのはすごく古いかもしくは偏っている話で、それは、水商売にもっと暗さや影のあった頃の話（もしくは環境悪すぎる店）だと思う。

現代のお水空間って、流水プールのように流れ続けるインとアウトの自由な、周遊場。はじめたかったらその日にはじめられて、やめたかったら、すぐにやめれられる。というか、何月何日にやめますって計画的に決めてお店やお客さんに挨拶とかしてやめる子のほうがめずらしくて、「なんとなく行かなくなって」やめる、そういう子が大半の場所だ。女の子にとって、それは「今だけ」の刹那的なもの。刹那を続けていたら時間が経って、ってときもあるけれど、みんなどこかで、これやってなにやりたい、とか、あるいは結婚したらやめるとかも含めて、その仕事を人生ずっと続けるつもりのある人なんて、ほぼいない。でも、その瞬間のエネルギー注いでくれたら、お店としては十分。

女の子の気まぐれが利益になるお店は、女の子の出力は肯定してがんばってもらい、女の子の過剰な気まぐれは、罰金かけて合理的にコントロールする。遅刻しても、遅いなんて一言も怒られない。ただ、遅刻したらその分、十分単位で日給の十パーセントずつ給料が引かれるだけ。有給はないけど、「今日休みます」って連絡したら、当日欠勤ペナ引かれるだけ※22、でも休みたかったら一言の文句も言われずにいくらでも休める※23。別に仕事を真剣に考えてないからってお店が文句を言うことも、女の子が、私を後生大事に思ってくれないからってお店に文句を言うこともない、そうやって、お互いに便利な関係。昔の昔の水商売って、もっと古くて抑圧的だったのかな、と思う。でも現代の水商売の空間って、そうやって、古くて、新しくて、合理的で、ドライで、人が気まぐれに参加できて、ふっと輝ける、そんな、場所。

そんな今日の水商売って、その世界の一等地のしっかりしたお店なら※24、「大手企業なら」みたいな論理になってしまうが、わりと明るい場所だと思う。女の子の体感を大事にしないと良い子が他店に行くからお店が流行らないし、女の子が商品なんだからある程度気分よく働いてもらわないといけないし、価値を生み出す女の子ほどお店は大事にもする。ただ、その世界は、自由で合理的な風土のなかで、女の子に選択することを間接的に教える。結果だけが課され、その結果をどうやってつくるかは女の子の自由。そういうなかで、目の前にある選択肢のなかから、メリットとデメリット、得られるものとその負担を比べながら、みんな何かを選んでいく。指名にさらされる、ノルマがあるってことは、自分がそこで努力するもの、負担するものを選ぶってことだから。「何も提供しない」は無理で、何かを与えなくてはいけない。

それでも、「本当に無理なもの」を捨てるのはそんなに難しくない。でも難しいのは、その空間を生きるということがその無理だと思うもののラインを引き直させていくからだし、「これならいい」って選んだもののなかにも、知らなかったくるしさもあるから。六本木の凄いところって、入り口は普通に見えて気づいたらそんなところにいるところがすごいというか、入り口でいきなり難易度高いことを薄利な利益かざして問うんじゃなくて、「いいよいいよできることやってくれれば」みたいなその軽い空気感のなかでできることやって細かくそれに評価を与え続けられるなかで、追いかけやすいものを能動的に追いかけて仕事をするなかで、結果の前にする取捨選択を覚えていくなかで、仕事をする楽しさやお金の力を体感させながら、少しずつ女の子ができることの許容量を引き上げていく、努力量を引き上げていくそのシームレスさが凄いと思う。引いてるラインを一センチずらすのは嫌でも、一ミリずつずらして、わかりやすい報酬を得て、そのほ

※22（前頁）当日欠勤は、規定の時間までに連絡しないと日給の百パーセントなど、規定分の給料が引かれる。ちなみに夕方五時までに連絡すれば当日欠勤でも罰金はなかった。

※23（前頁）クラブでは、遅刻や連絡なしの当日欠勤とかに対して女の子の行動にそこら中にペナルティは敷かれているが、それは別に不当な罰金体系ではなく、普通に良識のある行動をしていたら、特に不当に差し引かれるものではない。

※24 私の働いていたお店は、自分で言うのもはばかられるが、入れ替わりの激しい六本木に三十年も続く一流店で、その世界の一種の王道的な場所でもあった。その位置は私の体験が「日本のどこかに偶然存在した、街角の奇跡的な環境」ではないことを担保するが、しかし同時に、それが水商売という広い業界のなかの氷山の幸運な一角でもあることも意味している。「夜」は広く、「六本木の高級クラブ」は「もっとも綺麗で明るい夜（のうちのひとつ）」でもある。それをここでは、昼間の社会のなかでいう「大手企業」に例えている。

うが人間は自分の認識を再構築していることにも人は気づかないもの。

その線を引き直していく向こう側にあるのは必ずしもセックスという意味ではなくて、「お客さんのためにできること」の量の違いだ。どってことないことを繰り返しながら、時に心のなかの線を少しずつ、一ミリまた一ミリと引き直していって、たまに瞬間的に引き直して、たまに心から血を流しながらえいって引き直して、やっぱり無理だって戻したりして、そんなこと繰り返して、気がついたら受容可能なラインは最初に思っていたところとは三センチくらい違う場所にある。最初からこの場所でいいですかと聞かれたら、きっと無理ですって言ったであろう場所にある。それをその特殊性の低い空気の薄さのなかで、仕事をする楽しさやお金の力もちらつかせながら、入り口でとれない同意を自然にとれちゃう構造だからすごすぎる。

やめたあとの怒濤の変化

最後は指折り数えていたんだけど、仕事をやめる数日前だけは、さすがに少し感慨深かった。どこにでもいるただの女の子だった私が、つかの間、ちょっとだけ何者かになれた仕事である、自分のなかで。ホステスっていうその鎧を脱いだら、またただの蟻みたいな女の子。待ち望んでいた瞬間だけれど、それでも喪失感とか、もしかして感じるのかも。ぼんやりとそんなことを思ってた。でも、予期していたような喪失感は実際には欠片も感じなかった。あるのは、ただただ、黄金のような幸福感だった。

仕事を辞めた後は、新幹線くらいのスピードで、心が六本木から離れていった。それは全く予期していないもので、自分でびっくりするくらいの怒濤の感情の変化だった。仕事を辞めたら六本木周辺に行けなくなるなんてまったく想像もしていなかったのだけど、私は六本木に足を踏み入れることがその後二年くらいはできなかった。心に鎧を着て生きていた場所すぎて、もうその鎧を脱いだ自分が、気軽にふらふら迷い込めるような場所では、私にとって全然なかった。

お店を辞めて渡米する準備をしていた頃、一度、食事の帰りにタクシーで六本木の交差点を乃木坂のほうから見たことがあった。一か月も経っていないのに、その六本木三丁目の交差点の界隈の光のなかに、自分が居たことがなんだか信じられないと思った。そのエネルギーみたいなものになんだかタクシーのなか数百メートルくらい向こうからでも私はあたってしまって、タクシーの運転手さんに交差点を通らないで帰ってもらうように頼んだ。そのエネルギーと欲と可能性の洪水のなかに、近づきたくないと思った。

ホステス時代の仲のよかった友達とも、ちゃんと仕事をがんばってするタイプの成績のいい子とは、しばらく会えなくなってしまった。会いたくなかった。その友達のことは今までのように好きなのだけれど、ただ、彼女たちの隙のない精神状態に触るのがつらくていやだった。飲みに行ってもお茶しても、私がそうであったように彼女たちは携帯を気にするだろうし、私と会ったことも、私とのほうが仲が良かったお客さんに対しての営業メールの会話に出したりすることも容易に想像できて、なんだかもうそんなもののすべてから、離れていたかった。

それは別に、「お客さんにメールする理由を作るため？」と勘ぐるほど浅い友情ではまったくなく、「りのちゃん、アメリカ行く前に空いてるときお茶でもしようよ～」みたいなホントにただの友情なのだけれど、それでも発生した現実は利用できるものは上手に利用するのが、上手なホステス。というか、そんなふうに考えてしまうのも、私だったらそうするだろうなって思うから、そんなこと思っちゃうのだ。「私と会ったこと、お客さんにはナイショにしといてね」って言えば良い、たったそれだけの話なのだけれど、私は、もうそういう「誰にはなんて言っておいて、誰にはこういうことにしておいて」みたいなものすべてから離れていたかった。もう夜を辞めた子とか、週二出勤の適当です〜、みたいなホステスの友達とはその後も遊んだりしてたけれど、それは、その子たちがのんびりしているから。

お店の女の子で、私がやめたあと、私の係だったお客さんは誰が最近は仲がいいとか話をしてくれる友達もいて、「いいの？」とか聞かれることもあったけど、私は、いいのも何も、もうそんなのどうでもよかった。二度と戻らないと思い、戻らなくていいことが、ただただ嬉しかった。でも、嫌いだったわけじゃないの。ただ、やりきってしまっただけなのだ。

「空間」の持つ魅力と魔力

夜の世界。最後はもうやめたくてやめたくて仕方なかったけど、夜の街のあの鮮やかな立体感とその魅力はいまでも胸に残っている。あのお店のドアのなかに、ドアのこちら側と同じだけの大きさの立体的な世界がひろがっているなんて、そこの住人になってみなければ思いもしなかった。

先日、ニューズピックスの動画で、ホリエモンが「パパ活は、水商売のミドルマンを抜いた形。

お店ってミドルマンを抜いて、同伴とアフターだけになったもの」と言っていた。パパ活は条件ありきの契約で、そうじゃないのが水商売なんだけど、たしかに、そういう表現もできると思う。でも、そこにバーチャルじゃないミドルマンがあるからこそ、それをやれる人も、やる人も、またいる。

ホステスやめるちょっと前、気持ち的に限界手前か通り越してさまよっている私は、お店で仲良くしていたみなみちゃんというトップクラスのホステスの女の子に、「みなみちゃんって、どうしてそんなに長くがんばれたの？五年とか、すごい」って、温泉に入りながら、聞いたことがあった。彼女は、私立の女子大にいた頃から週二・三のバイトではじめて、でもいつの間にかナンバー常連のホステスになり、大学卒業後も昼・夜の両方をどっちも週五で続けている、アイドル※25みたいな愛くるしい顔の下にすごい体力と気力を持っている女の子だった。

二十五歳の彼女は、少し考えて言った。「うーん……最初の頃は、こんなにやってないじゃん(こんな超高いレベルで仕事していないじゃん)。あの頃、なんか楽しかったんだよね。美穂ちゃんとか、れいちゃんとかいて、なんか仕事のためにお店に来てるっていうより、友達に会いにくるじゃないけど、その輪のなかにいるのが楽しいっていうか……なんか、学校に来てるみたいだった。でも、仕事も覚えるじゃん。それで、ちょっとずつがんばるようになって……最初から今みたいに働けって言われたら無理だったんだけど……。でも、今は、仕事けっこうきつくなってきた。あの頃が一番、楽しかったな」

彼女の言葉って、その空間の魅力をすごくよく表していると思う。砂浜があるから、その海岸にいられた。そこには、必死さ、一生懸命さ、自分とお客さん、そういうキツいものだけじゃなくて、ふんわりそこに存在できる緩衝剤みたいなものがある。それが、ほかの女の子たちの存在。仕事がくるしくてそうやって聞いた私は、その言葉を聞いたときは、正直「みなみちゃんは器用だったんだな」と思った。当時の私は、「享楽の楽しさ」を仕事に感じたことはなかったからだ。面白かった、とは思っていても、たのしい！でそこに居たことはなかった気がする。それでも「楽しかった」のニュアンスって、すごくよく分かる、とも思った。多分その「楽しかった」は、私の書いた、「その世界の明るさ」で、「その世界の普通さ」。そこに別に悲壮感も持たない若い女の子がわちゃわちゃ存在しているから発生する、自然な楽しさ。奈々ちゃんとの、亜美ちゃんとの、

※25 ナンバーワンから三位までを指すことば。

みなみちゃんとの、恵美さんとの、この本に出てくるすべての会話が、その砂浜の粒。

私は、そこが他の女の子や黒服や幾人もの人の構成する「空間」で、そこにあるものが、お客さんと自分の二要素だけじゃなかったから「こそ」そこに居続けられたし、それだけ結局やれた。それは、留学したくて、不思議の国のアリスじゃないけど、足元にいた猫を追いかけて入っていったら見た原色と彩度の鮮やかな国で。魅力と欲望の可能性の鮮やかな、感情の国。

お金が無かったらその世界は成立しない、女性性を前提として自分を商品化することのおもしろさ、それも魅力の一部だと思う。でも、その世界の魅力ってつくづく単一じゃないのです。そういう要素を柱としながらも、それ以外のものこそが、夜の世界のきらめき、ドラマ、めくるめくの日々をつくっていて、そしてそれが人を惹きつける。その場所の魅力、それは、それが平面じゃないから。恋も友情も仕事も全部完結するかのように思えるほどの鮮やかで精巧な世界がそこに、あるから。

第二部

第四章

拝啓、昼間の社会様——その仕事って、そんなにダメですか？

ホステスとフェミニズムの相性は悪くない

水商売って社会のなかの悪みたいに扱われるし、フェミニストにも嫌われる。若い女の子同士の会話で、「○○ちゃん、あ、夜はじめたんだ、って分かっちゃって」とか、それは「やってもいいけどやらないほうがイイコト」であるようなニュアンスで語られることも、よくある。でも、その仕事って、そんなにダメですか?

私はその場所で、色んな魅力と個性が鮮やかに凝縮された「魅力ラボ」の研究員みたいなことをしていた気がする。そのラボは、色んなことを教えてくれて、昼間の社会が私に教えた無数の女としての生きづらさから私の心を解放してくれた。からまった心を、くるくる、逆側にまわして。

ひとつめは、女性の外見的な魅力は多様である、ということ。六本木に立ち入る前は、私は容姿の理想形はひとつなように、どこかで思って生きていた。今で言えば、それは結局石原さとみなのだと思っていた。女性の多様な美や魅力を肯定するよりも、正当派(と自分が感じるもの)に当てはめて、そこにどれだけかなっているかで人も自分も見ていたと思う。でもその「女性の魅力」がパレットのように散らばるその鮮やかな空間で、わたしはそれまで無意識に信じていた美のコードというものがいかに「ただのひとつの魅力の形」に過ぎなくて、女性の魅力の形がいかに多様なものかということを骨の髄まで思い知った。

そこでは、ふっくらしていてちょっとタヌキみたいで美人顔かっていうと違うんだけどそれでも「もういてくれるだけでいいから」とこちらが思うような何とも言えないおっとりした魅力のある女の子もあれば、華奢で小動物みたいなかわいらしい女の子もいれば、ちょっと斜に構えたみたいなキツめの強気な魅力があるお姉さんもいて、それらの魅力はあまりにも多様すぎて、ひとつの理想からどれだけなにかが乖離しているかなんて考え無駄でしかなかった。というか、私にそれらが別々の魅力なんだと教えてくれたのはお客さん達だった。そこはまるで、「魅力ラボ」。人が人をどう扱い、人がどんなものにどう反応するかとてもよく見えるその場所で、私は、わたしにとって、私の好きな顔のタイプのお店で一番容姿的魅力が強い子がいても、わたしの感じるその「絶対さ」って、見る人によって当たり前に変わるんだなということを思い知った。あの席では葵ちゃんがキャーキャー言われていたのにこの席では自分がそう言われる、またその逆も然りでしょっちゅうで、望まれる容姿の在り方なんて、受けとり手によってあっさり変わって、容姿の価値って実はとても恣意的なもので流動的なもので。そして、生身の女としての華や色気や印象って、その全部の総合芸術で、顔のパーツ単体で規定されたりするものじゃ本当に全然ないんだって、滝のように目の当たりにしたから。

それは体感せずに三十回人に説かれても、きっとそんな綺麗事言ってとか思って終わったと思うし、それに第一誰も言ってくれなかったのだけど、女性が自分の価値の昇華にしのぎを削り合う場所で日夜評価にさらされるなかでの体系的な経験は、それまでの十九年の断片的な経験の欠片からの心にふりつもった思い込みを綺麗に壊してくれた。だってそれは、全然系統が違う個性や美しさや魅力がパレットのようにそこにあって、人の外見的な魅力って実に多彩で、そしてそれを評価する人側の好みも、実に人それぞれだっていう目の前にある圧倒的にパワフルな実証だったから。

その場所が教えてくれたことのふたつめは、「見た目の力」の限定感。昼間の世界で、女の子の可愛い外見ってそれだけで価値みたいに語られる、と思う。男友達の恋愛相談とかを聞いていても「(好きな女の子が性格的には難があるけれども)でも、可愛いんだよ」とか、「(職場の同僚のそりの合わない女の子の愚痴の文脈で)それでも可愛かったらいいけどさ」とか、それはまるでそれが人の心を動かす確実な単体での要素かのように語られる。でも、夜の世界は、そんな顔面偏差値よりパワフルなものがあるって私にはっきり見せてくれた場所だった。

その異性的魅力を競い合う場所でお客さんとの関係づくりするって作業を経て、そのなかでの、つまりは相手の好意をもらい続けるということのなかで、外見の規定するものの小ささ、外見以外の要素の大きさを日々体感した。容姿のつかみって以下でもないけれど以上でもなくて。その次にあるものは相手の感じる女の子の性格で、その女の子の持っている空気や雰囲気で、その人が結局誰かっていう話なんである。誰かのことをすごい好きなお客さんも、彼女の別に容姿単独でそうなってるんじゃ全然なくって、その「人」を好きなの、結局は。お客さんが大切にするのは結局自分にとってしゃべる人間としての動的で総合的な異性的魅力の高いホステスで、そこに介在するのは、性格だったり個性だったり、顔面以外の要素が山のようにある。

その空間を生きて、世の中そんな力ばっかり語られがちだけど、でもそれって人の心を動かすような「真にパワフルなもの」じゃないんだ、って気づいた。容姿だけ良くてそれ以上何もない女の子がナンバーに入れないように、その「プラスα」のものこそが人間を差別化するものなんだって、心の底から、思えた。私にとってはそれはすごく素敵な腹落ちで、それは自分を認識の檻から解放してくれて、自分をすごく生きやすくしてくれたと思う。だって、短絡的な理由付けもくだらないことを信じる思考停止も、人間を不幸にする。可愛いが道を開いて、目鼻立ちに人はひざまずいている世の中と思って生きてるより、それってずっと幸せに自分が存在していられる。

この間見ていたアメリカの雑誌に、こんな記事があった。アニメの女の子の描写が過剰に胸やからだのラインを強調することが女性を物質視する文化の根底になっていて、その過剰な描写を無くす（つまりアニメキャラをそんなにボンッキュッボンじゃないもうちょっとマイルドなフィギュアにする）ことが子供の潜在的な意識改革には重要……みたいな内容で、私は思わず「違うよ」って思った。真に女を救うのは、顔とかスタイルとか「そういうパワーがそこにないふりをする」ことじゃなくて、むしろそこにそれがあったってそれ以上のものがあるんだって見せてあげることのほうなんだよ。その「曲線美の魅力をないものとする」っていう、言わば人工的な気遣い（成熟したあるべき配慮？）よりも、ホステスのドレスから見える魅惑的なおっぱいくらいそれをバーンと全面に出して、出した上で、でもそれってたいした力でないんだって腹落ちのほうが、圧倒的に本物で、納得感が違う。世界が変わらず女性の女性的価値を批評しながら建前として「そこに価値がないように扱う」よりも、それはそれで魅力であっても、でも「それ以上のパワーがいくらでもあることを教えてあげる」のが本当の意味で、女性を解放するってことだと思う。私は、そうだった。

また、その魅力ラボは、「ちゃっかり満ちて、しあわせでいる」って心の免疫をくれた場所でもあった。日本社会で生きていると、別にミスコン出場しなくても芸能活動しなくても、女の子で、女性であるってだけで、日常生活のなかで外見の価値を評価され続けると思う。初めてそれを最初に感じたのは、小学生の時だったと思う。小学校の卒業式でひとりひとり台の上で卒業証書をもらう時、校長先生が一言ずつ、なにか声をかけてくれた。私の出席番号の一人前の女の子は、「おめでとう、美人になったな～！☺」で、私には「おめでとう、良い服来てるな！☺」だった。その時、すさまじく嫌だったわけでもすごくかなしかったわけでもないのだけど、子供の心は素直で柔らかで、その時、もちろんそれが全然嬉しくなかったことを覚えている。綺麗ですねって褒められたら、素直に嬉しい。でも一生どこに行っても褒められるだけの人はいないし、誰かを褒めるって、その空間のなかでの相対的なニュアンスが出るから、ややこしい。

私は飲み会でも学校でも会社でも親戚の集まりでも、数人の女の子がいるなかでその場にいる一人の女の子だけの外見を褒めるって、「女の子」って前提でその場にいる他の女の子のことを相対的な評価対象として勝手に巻き込み、間接的に卑下することのように思える。そんなものから降りる自由が無いって災難すぎるのだけど、でも美醜に加齢に、そうやって間接的に巻き込まれ続け、日本社会で女として生きるって、心が忙しい。

十代の私は自分がいる空間で誰か他の女の子の外見だけが褒められたら、無意識にどこかで傷ついていた。でも六本木の時間を生きた時から、他の女の子に向けられる「可愛い」は自分を傷つけなくなった。誰かの魅力を肯定することと私自身の魅力は別に相対性を必要としなくて、それらは個々に絶対的なものでそれぞれに輝くものだって、何の綺麗事でもなく、心が理解したから。それはすごく心が平和で、女性として生きる上で、自分をすごく生きやすくしてくれた。

「花摘みの上手な人は、美しい花だけを摘んでいくものです。賢い人は「よい言葉」のみを、自分のものとします。「悪い言葉」をひろい集める必要はありません」という仏陀の言葉がある。私が六本木で学んだことは、それと同じようなことだと感じる。私はその時間で、自分の意思で徹底的に評価され続けることを通して人の感覚や好みは様々なのだという事実をひしひしと感じて、自分にとって意味のないものは最小化して聞き捨て、嬉しいものだけ心にとどめることがだいぶ上手になった。人の言葉なんて無責任で気まぐれで、人の感覚だって本当に様々なのだからこそ、その時さいころみたいに出ただけの一人の気まぐれな声なんて、そんなの気にする価値もなければ左右される必要も全然無くて。私には私の魅力があって、それに満足するっていう「満ち方」を学んで、社会は何も変わっていないのに、私はどこかで超然と歩けるようになった。

六本木から去った時私は二十二歳で、その自分の抱えていた生きづらさも、何が自分を解放してくれたのかも、その両方がフェミニズム的な悩みだったんだって気づいたのは、それから何年もしてからだった。そんな名前を知らずして私はくるしんで、くるしめたのは昼間の社会で、それから開放してくれたものが夜の世界だった。そこで、自分の欲しかった光を全部見ることができたから。

いくつもの気づいてみれば当たり前の事、でも世の中生きていてそれに反する経験知ばっかり降り積もるなかで（若いこと＝最高！とか、女の価値は顔、とか）、そういうふうに一方的に女性として点数をつけられることの生きづらさから、その場所を行きたことで自分を解放できた。合意の上の女性の魅力の競争に立ちあうことで、私は自分の心のなかに作られていた認識の檻から自分のことを、解放できた。私にとってその場所は昼間の社会が私の心に刻んだ女としての生きづらさからパラドックス的に私を解放してくれて、女性として私が生きていく体感を一生変えてくれたと思う。

その仕事は、多様な光で人をエンパワーする

フェミニズム的な解放とは別に、私がその場所に見る善は、勉強って一元的な指標で人にラベルを貼る代わりに、多元的な光のなかで、人を評価するところ。小田嶋隆という私の好きなエッセイストが、「勉強ができると、十五歳くらいまでは全能感を覚えて生きていられる」と書いている※26。子供の世界では、成績が優秀だと思い上がっていられるのだ、と。私には、その逆の気持ちが分かるから、彼の言うことが想像できる。六本木に立ち入る前、私は、昼間の世界の現実のなかで、「自分になにかの能力がある」なんて思ったことはなかった。

と書くと、「世界のコロンビア大学卒業している人がなに言って」と思われそうだが、私の人生は振れ幅が大きく、高校生くらいまでの私は真ん中の成績くらいの子が通う、進学校でもないごくごく普通の公立高校に通う「勉強もスポーツも芸術もそこまで特出して得意なものはない、ま

あ人当たりは良い女の子」だった。高校時代の優先順位は部活（と言っても全国強豪とかでもなく、県大会に行けたら嬉しいくらいな運動部、でもレギュラーですらない）、恋愛、ときどきマックのバイト、の次くらいが勉強で、十一科目中七個赤点とか取っていたような高校生だった。そんな私は現役で大学に行けるほどの学力があるわけもなく、一浪して東京の中堅私大にギリギリひっかかって進学したのだが、それは当時の自分のなかでは「よくがんばりました」の出来事だった。

その頃の私にとって、能力って、「なにかができる」ということで、その「なにか」って、結局は、それが通知表のなかの教科の項目か、あるいは推薦入試ではっきりと評価されるようなスポーツや芸術で秀でた才能があるか、ということだった。それは、そういうもので振り分けられる社会システムを生きるなかで、持っていった気持ち。小さな夢を持ち、努力し、挫折する、届かなくて諦める、そういう当たり前なことを通して、学んでいった気持ちだった。私が持っていたのは強烈な自己否定感ともまた違う、なんていうか「自分のしがなさ」を感じる気持ちだった。

※26　小田嶋隆『能力が高すぎた福田事務次官の〝悲劇〟』日経ビジネス、二〇一八年。

対して、私のその認識を壊した場所が、六本木のクラブだった。その場所は魅力ラボであると同時に能力ラボで、人は違う能力を持っているということも、またよく見える場所だったから。その場所は、私に、学校の評価項目や世間一般に名前のついた才なんて、本当は人の能力を測る巻き尺のたった一部にすぎないのだって、教えてくれた。

六本木のクラブって、すごく色んな能力が多角的に試される場所だ。そこは塾も予備校も家庭教師もいなくて、相手と自分と競争相手兼同僚しかいない、研修なんて五分で終わりの誰も何も教えてはくれない場所でどれだけまわりを見て学べるか、どれだけ見ているものの本質を考えられるか、そうやって主体的にＰＤＣＡまわしながら自分の価値提供の仕方を見つけていけるかが問われて、そこには水商売で光の当てられがちな「コミュニケーション能力」以上に問われる能力が沢山ある。

究極的に言えば日本の義務教育が教科書に書いてあることをどれだけ正確に試験で複製できるかの評価で子供に点数つけるのに対し、その場所は正解がひとつじゃない中で、価値を生み出す努力ができるかどうか、が問われる。

たとえば、当時私が「すごいなぁ」って思った人を例にあげると、こんな人達がいた。ひとりめは、百合ちゃん、二十三歳。青森出身で、美容の専門学校を出て昼間はエステで働いている、お客さんへの連絡は超マメでアフター付き合いもよく、全方位に努力できるそこでの努力の形を絵に描いたような、ホステスだった。席についたお客さんに連絡先を聞いたところ、お客さんがちょうど同じ席に一緒に座っていた百合ちゃんに、「きみ、俺の携帯知ってるでしょ？あとで教えといてあげてくれる？」との流れで、営業後に百合ちゃんに赤外線でお客さんのアドレスを送ってもらったときのこと（私は百合ちゃんの登録してあるままのデータが見れる）。名前、電話番号、携帯メール（今で言うＬＩＮＥ）っていう当たり前の項目につづき、備考欄に「何月何日、二名で友達と来店。席でアイスをご馳走に。ダイビングとアニメで話が合った」。

この何がすごいのかというと、百合ちゃんはそのお客さんに指名を別にもらっていない「から」すごいのである。それが百合ちゃんの指名のお客さんで、最初に登録したのがそう残っているだけなら驚かないのだが、私の見ていた限り、席でも別に対して盛り上がっていないし、ホントに、たまたまついていただけ、で前にも話したことあるから連絡先は知ってる、くらいのレベルのお客さんに見えた（だけどお客さんから百合ちゃんは自分の携帯を知ってるって言葉が出るってことは、百合ちゃんは指名をもらっているいないに関わらず、ちゃんとメールとかで営業しているという意味）。だからこそ、「ひぇ〜！」なんである。だって、お客さんになんて毎晩何人にも会い、一ヵ月では数十人と通り過ぎる。だいたい、そこまで盛り上がらなかった席なんて、多くの女の子は席を立った瞬間にそのお客さんのことは忘れるし、連絡先を形式上聞いた人でも、押せそうって感じてなかったら、結局次の日メールしなかった、ってことだって、ざらだ。そりゃ、こんなこと話したな、とか思い出しながら次の日一度メールはする。でも、もう一手間でその人の情報をアドレス帳の備考欄に書くなんて、そのもう一手間をかける人って本当に稀の稀。

サービス業のプロは顔を忘れないとか言うけれど、顔を忘れなくて、しかも、そう言えばなにがお好きって言っていましたよね、とか、前はお友達とご一緒でしたよね、とか、そういうさりげない、お客さんにとっての、「俺のこと覚えてるんだな」って感動はこういう努力から生まれるのだろうが、それを指名もらってもいないお客さんに全部やってるなんて、すごすぎちゃって、私は「アイスをご馳走に」をしばらく凝視していた。

顧客管理能力と、マネジメント能力の合わさったものとして「すごいな」と思った例のふたつめは、一軒目のお店のナンバーワンのお姉さん、恵美さん。そのお姉さんはすごく頭が良くて、日頃からなんでもすごかったのだけど、彼女からこんなメールが来たことがあった。「来月はお客さんの掘り起こししなくちゃいけないから、りのちゃんの協力が必要★　沢山紹介できるようがんばるから、よろしくね♪」「掘り起こし」って、足が遠ざかってるお客さんに営業をかけたい、そのお姉さんの前のお店との引っ張りあいとかで、最初は来てくれたけど結局引き負けてるお客さんにもっと営業かけたい、の意味なのだろうけれど、そんなの全然水商売用語ではなくて、「そのお姉さん用語」だ。そのメールをもらったとき、私は『掘り起こし』とか、そんなこと考えてるんだ！」って、ただびっくりした。あー来てくれなくなっちゃったな、じゃなくて、周期を見て、また営業するのね……見習います……。そのメールの一件は、彼女の顧客管理能力の高さだけじゃなくて、ヘルプホステスの使い方のうまさも表している。彼女は小さな声かけが上手くて、他の売り上げのお姉さんより遥かにわたしを精神的に巻き込むのがうまかった。頑張らせるのがうまかった。そういう前振りがあれば当然その月に彼女に紹介されるお客さんは私のお客さんリストのなかで営業しようという意識が強いゾーンに入るから、私にとって彼女が係のお客さんの営業頻度はいつも高かったし、そうやって、その人がやろうとしているスキームが見えるだけで、付け回しにぽんって脈絡なく席につけられるより、その瞬間のこっちの集中力だって、段違い。

通知表の科目にもなければ推薦入試でも役に立たない「敏感」の活用法

そんなふうに、その場所は、人の色んな工夫が、能力が役に立つ場所だった。色んな能力に、光があたる場所だった。そんななかで、私は「特別な能力なんてない」と思っていた自分自身には、実は能力があることに気づいていった。気づいたというよりも、自分の持っている資質をどう使うとそれが明確な価値を生み出す能力に昇華させられるか、に気づいていった。私が持っていた能力の素養って、なんだったのでしょう。それは、人の気持ちに敏感なことと、社交的なこと。

敏感といっても、別に人の心が読めるわけでも絶対に間違わない見立てができるわけでもなんでもなくて、ただ他人の気持ちや人となりに鈍感・普通・敏感の三段階にわけたら、「自分が意識的に生きている空間では敏感である」くらいの意味。でも通知表にも入試科目にも人の気持ちがわかる科目なんてないし、それを測るテストも検定もないし、かけっこみたいにみんなで競争することなんてないから、六本木の仕事をする以前は、自分が人に比べて平均より人の気持ちに敏感であるという意識も特に持たずに生きていた。友達と話をしていて、「○○先生ってこういうところがあるじゃん」とか何気なく言ったときに、「そう言われてみればその通りかも！」とか言われることはあっても、だいたいみんなそれくらい人のことなんてわかっているのが普通と思っていた。

そして「人の気持ちに敏感」ということに対して、それが自分であっても他人であっても、その要素をポジティブに見たことって一度もなかったと思う。だって、人の気持ちなんてわからない人のほうが人生楽そうだ。他人の気持ちが分かる人が分からない人に合わせて、分からない人は合わせてもらう側で、人の気持ちに敏感だなんて見えないものを感じ取って消耗するし、それはいたしかたない「気質」や「性格」であっても、それがまさか「能力」として何かになるなんて考えたことすら、なかった。でもその仕事は、その資質の活用法を教えてくれた。

人の気持ちにそれなりに敏感だということって、相手の立場に立った想像力が豊かでそれが自然に動く人のことだと思うが、それは、性格みたいなものだと思う。でも「ただ敏感であること」と、そういう瞬間をつないでいって、なぜその人がそういうことをするのかとか、そこにどんな思考があってそういうことをするのかとか、だから結局このひとはどういう人なのか、そういうことまで包括的に汲み取れることって、また別のこと。それはもっと能動的な思考がそこに必要で、意識的なもの。敏感は、言わば断片が分かるだけ、でも後者は、その破片を構成している人間を理解できる能力。

そういう能力って、人を見る目があるとか人への洞察が鋭いとかって形容されることが多いが、それって、ある日突然降ってくるものや無から突如として生まれるものでも人が生まれ持っている魔法的スキルでもなくて、結局はどれだけそれを意識的にやったことがあるかが磨く力だと思う。その場所は、「この人ってこういう人?」「この人ってこういうところがあるのかな……」っていう人の中身当てクイズみたいな答え合わせを他の女の子やお客さんとの間で日々繰り返す、目に見えないもの、語られていないものをどれだけ汲み取れるかを日々鍛える場所だった。だから、人の気持ちにわりと敏感だとか、小さなことに気がつくとか、そういう鍛えなければ本当に資質でしかないようなものを、はっきりとした能力に昇華させる練習ができる場所だった。

「敏感」って、使い方を知らないと、気疲れするだけでなかなか日の目を見ない。でも敏感であることを能動的に使って、人も物事も見立てていけるようになると、それは人生を生きていく体感を良くしてくれる。そんなふうに、ホステスの仕事は、敏感であることがただの自分を疲れさせるものから、敏感であることを自分の強みに変えられる経験だった。

またその仕事は、「人の気持ちがわかること」を社交的であることと組み合わせるとどんな能力になるのかも、教えてくれた。ホステスって、人とのコミュニケーションの量がひたすらに多い生活を送る。日々、同伴からお店のなかで違うお客さんのテーブルを回ることを通して、それは週六で日々会食と接待と合コンを毎晩何件もはしごしているような感じで、それは普通の生活をしていて持つ人とのコミュニケーションの量を、すごく濃縮した日々を過ごす。そのなかで、通り過ぎるんじゃなくて、そのなかでどれだけの人と人間関係をつむげるかで結局自分が評価される時間を過ごす。

そのなかで、私は単なる「社交的で人と話すことが好き」なことを、相手の感情にそれなりに敏感であることと合わせて、どう相手の呼吸に合わせてコミュニケーションするか、どう相手に居心地の良い距離感や空気をつくるか、さらにそれを積み重ねて最終的にどう自分が望む人間関係をそこに築くかっていうことを学べた。

「色んな相手と人間関係の構築を能動的にしていける」っていう能力って、ただの「社交性であること」とは似ているようで非なる、別物の能力だ。だって「社交的であること」はその当人の体感の快適指数の話であって、相手の感情なんて気にしないただのジャイアンでも、人との距離感を全く分かっていない騒々しいおばちゃんでも社交的ではいられる。それは、ただの「ふわっとした資質」と、それを使って何かを意識的にできるかという違いで、資質をどう能力として使いこなすのか、それを学べたときだった。

能力って、「その存在をそもわかっていること」が最初の一歩で、さらに「それをどう使うのか分かっていていること」を理解して、はじめてその能力が自分の武器として使いこなせるようになるのだと思う。その場所は、その両方を教えてくれた場所だった。このふわっとしたものに意識的な努力をかけて昇華させると、このなんでもないような資質たちはこんなにもパワフルで、こんなにも自分を何者かにしてくれるのか、って、自分でびっくりした。

その仕事は、エンパワーメントだった。「エンパワーメント」って、社会的弱者の自立支援をする文脈でよく使われるけれど、わたしはエンパワーメントって、その人が輝ける光を与えてあげること、その光のなかで本人が自分の能力や可能性に気づいて、それらを行使して生きていける存在になることのすべてがエンパワーメントなのだと思って生きている。私にとって、その仕事がそうだったように。

人にとって必要な光をもらえることの意味は、その光のなかで会える本当の自分に出会えること

人にとって、必要な光をもらえることの意味は、その光のなかで会える本当の自分に出会えることだと思う。そこは「私ってこういう人間なんだ」って自分のセルフイメージの原型をつくれた場所でもあった。六本木のクラブで働く前、私は人生は安定が大事で自分は社会主義的な人間だと思っていた。成果主義なんて怖い、と思っていた。でも、その「結果、結果、結果……」をただひたすら考え続ける日々のなかで、自分は本当はものすごい結果志向でアグレッシブな人間なんだということに気づいていった。優しくてふわふわしてるねと言われる自分の内側にあるものはものすごいはっきりした性格で、危ない賭けなんてするより人生堅実にと思う自分は本当は冒険が好きで、退屈が嫌いで、自分の読みにベットして勝負して生きることが好きで――そこにある形容詞や単語の全部が今でこそ当たり前で板についた感があるけれど、六本木を生きる以前の私には、自分をさかさにして降っても出て来ない言葉だった。賭けなんて絶対したくないしそんなことをする才も心臓も自分のものではないと思っていた。

その時感じた感情やその経験を経て持つようになった価値観の全部、それは「こう」と思い込んでいた自分の卵を割ったら全然違う中身が出て来た感じで、それは育った環境が形作った考え方や、学校生活のなかで刷り込まれた常識、そういう無意識に自分をしばりつけていたすべてのものから自分自身の心が自由になった時でもあった。

お金、経験、価値観——その三年間で得たものは数えきれないほどある。でもそのなかで一番人目にはわかりづらくて、でも自分にとって大きいものは、「自分に期待する気持ち」だったと思う。私はそのときまで、人に聞かれたらはい期待していますとか言ったかもしれないけれど、その本当の意味って分かっていなかった。「自分に期待できる」ってすごいことだと思う。自分に期待するってことは、自分は何かに値するって思えて、自分はなにかをやれるって思えて、その実現にむけて尽力するエンジン。それは時に無邪気な欲で、ときに貪欲で、それをどれだけ持てるかが人生の照準を変える。

二十二歳でお店を辞めて、その後私は念願叶って渡米し、TOEIC三百八十点台だった私は語学学校に通って英語を勉強して、十九歳の私の夢だった「アメリカの大学」を卒業した。渡米後に出会った人の影響で、その大学は、最終的にはアイビーリーグの大学のひとつである、コロンビア大学になった。卒業後は外資系の経営コンサルティングファームに入社し、そこまで時間がつみあがると、「器用で、やればなんでもできる人」みたいな誤解をときにされるようになった（昔から私を知っている人は絶対にしない誤解なのだが）。でも、六本木でホステスしてた、と、その後の大学や仕事は、並列の経験ではなくて、六本木の時間があった「から」、その後の時間があった、のが事実。

渡米後は、新しい心を持ってどう新しい世界を生きるかの挑戦だった。アメリカでは、夢を生きるなかで、色んなことの前で無力すぎる自分がくやしくて、くやしさに心を擦り切れさせながら、必死に前に進んだ。でも「くやしい」ってその時思えたのは、六本木の時間があったから。その時間がもしなかったら、同じ環境に放り込まれても、「くやしい」って、そも思えなかったと思う。「うん、だって私は、これくらいだから」って思っていたと思う。でも、六本木での時間に、自分が自負心を持てたから。その時間が、自分に期待することを、教えてくれたから。

六本木のクラブって、人材育成的な観点からいうと、超優良企業

その場所での自分の変化は、「私がすごかったからできた」みたいな個人の特異的な話ではなくて、その場所の環境によるシステマチックな結果でもある（本心からそう思っていなければ、第一部で構造についてあんなに詳しく書いていない）。夜のお店って、たまにニュースで暴力事件が報道されたりとか、体質がブラックとか立場が弱い人間を搾取するようなイメージが漂う気がするが、私は六本木のクラブって、人材育成的な観点から言えば、超優良企業だと思っている。

六本木でホステスの仕事をする前は、働くという場面で、私は結果ありきでない自分の権利や感情ばっかり主張している、雇いたくないバイトか迷惑な新入社員みたいな人だった（苦笑）。でもその経験を経て、価値をつくることが仕事で、結果のためにやるべきことはなにか、そう思考が変わっていった。仕事で「考える」ことに責任があるなんてコワイと思っていた女の子が、「考えない人って本当にいやだ」とか気づけば思うようになっていき、一緒に仕事をしていても立場によって当然最適解も違う、そういうことを理解できるようになっていった。それは当時の自分にとってはすごく大きな考え方の変化で、当時は「有償無形なサービス業って、考えることが多くて人を成長させるんだな」くらいに思っていたのだが、その後、ビジネス本とか読むようになって、なぜその仕事が自分をそこまで変えたのか、経営コンサルタントの巨匠・三枝匡さんのベストセラーの本※27を読んだときに、胸にすとんと落ちる言葉があった。

「結果と裁量の正しい権限委譲が人を育てる。できる『から』やらせるのではなく、正しい権限委譲をセットで与えることで、（まだできなくても）人は考え、判断ができるようになる」ってその本は説いているのだけれど、六本木のクラブって、まさにそうだったからだ。その仕事は、裁量をセットにして、指名っていう結果の前に女の子をさらして、考えるってことを教えてくれた。とはいえ、裁量あげたから結果がでないのはきみのせいだよみたいなこちらのレベル感ガン無視のダメ企業の仕事の与え方ではなく、それは、指名、同伴、係ってじょじょにそのサイズが上がっていく、すごく人を自然にストレッチさせていく環境だった。「部下を成長させたいのなら、管理部門とかじゃなくＰＬ※28を管理する仕事に配置するのが一番人が成長するホットジョブ」ってツイートが先日流れてきて、ビジネスセオリーを学べば学ぶほど、あれは成長するのが当たり前

※27　『戦略プロフェッショナル』では経営者人材の育成法についての文脈で正しい権限委譲が重要だと書かれているが、私は「考えて仕事をする人間」に人を育てるために、同じ原則はどのレベルの人間にも言えることだと思っている。三枝匡『戦略プロフェッショナル』ダイヤモンド社、二〇一三年。

※28　PL（Profit and Loss Statement　損益計算書）。

だったのだな、と思う。

どんな人でも最初から「結果と裁量のセットが与えてもらえる環境」って、世の中を広く見てもすごく稀だと思う。一般的な会社組織のなかでは、若手や新入社員であればあるほど、最終的な結果とは切り離された、過程の一部をこなすことだけの仕事の切れっ端をピースとして与えられる仕事の与えられ方のほうが多い。ある程度のポジションに行かないとそういう働き方はなかなかできないし、また若手であればあるほど、なにをやるか考えてやらせるというよりも、言われたことをそつなくできることが評価されがち。でも、そういう場所と六本木のクラブの仕組みは反対だった。

入りやすく、可能性がある場所だけど、社会悪?

もちろん、六本木のホステスの仕事以外にも、人材育成に優れた企業は、世の中にはある。リクルート、P&G、グーグル……でもそういう人事制度が整っていて、人を育てるカルチャーが確立している場所ほど、入社するのは難しいし、その入り口で、顕在化している能力が必要になる。

当たり前か。でも私は、あの頃の自分が、そのまま大学を卒業したからって、そんな場所にたどりつけたとは、到底思えない。六本木のクラブの前、私は特技も資格もない、どこにでもいるような女の子だった。あったのは若さと情熱だけだった。

でも、そんな敷居の高い一握りの企業とは違って、その場所は、敷居が低かった。ホステスの仕事は、二十代の女の子なら、だれでもできるような仕事だった。はじめるだけならね※29。でも、その奥にすごく可能性があった。それが、わたしにとっての、その場所の善。「育ってる人だけに開かれる場所」なんじゃなくて「顕在化した能力だけに与えられるさらなるチャンス」でもなくて、その場所が、誰にでも入れるようなところにあって、でも、人の能力を、可能性を、引き出すから。私の能力は、最初からはっきり形になっていたわけではなくて、その環境のなかで、だんだん

※29　高級クラブっていう場所って、入ることに関して、ハードルがそこまで高いわけではない。美人じゃなきゃ面接通らないんじゃないかとか思う人もいるかもしれないが、どの子が結局モノになる子なのかって、それこそやらせてみなくちゃ分からないし、女の子は働いているうちにどんどん綺麗になる。いろんな意味で化ける卵を入り口で無駄にふるい落としたって仕方なくて、だから門戸はわりと広く、ただ残るのは難しく、新人期間がすぎてノルマができなかったらバンバンクビになる、そういう場所。新人として入る時に大事なのはやる気で、そんな抜きん出た洗練を要求される場所ではない。ちなみに、クラブとキャバクラはまた傾向が違って、六本木の高級キャバクラとかだと外見の基準がものすごく高くて、その店の求める雰囲気で高得点じゃないとガンガン落ちる、らしい。夜の世界もいろいろなのです。

形になっていったもの。その仕事には、自分を最大限使って生きることを教えてもらった。やりがいの搾取とかいうけど、できることの前に絞られるのって、幸せだと思う。だって、衣食住足りて生きていられるだけじゃ、よく生きたって思えないから。

自分以外にも、この場所だから咲いたんだろうな、そう思った人はまわりに何人もいた。私がその場所ですごいと思った人たち、昼間の社会の仕事にだっていくらでも役に立つ汎用性の高い能力を使って仕事をしているタイプの人達は、いわゆる高学歴ではなかったからだ。その人たちは短大や専門学校卒で、勉強の出来を一次リーグとして、大手企業だとか中小企業だとか、総合職とかエリア総合職とか一般職とか、正社員とか派遣社員とかに人を振り分ける社会のなかにいたら、その入り口のふるいから落ちてしまって、昼間の社会で彼女たちの能力が今ほど輝くような環境にたどりつけることは、想像しづらかった（そこには学歴があるホステスもいたけど、私が特別にすごいと思った人たちは、たまたまそうではなかった）。

私がやめたくて仕方なかった頃、わりと気の置けない距離感だった百合ちゃんに、「ねー、やめたいとか、思わない？」ってぐだぐだ絡んだことがあった。アイスをご馳走に、のメモの百合ちゃんである。そしたら百合ちゃんは、「思わないよ。だって、やめたら、何もない生活だよ」って苦笑いで言った。「何もない生活って……？」ってピンと来ずに聞き返したら、「ストレスもないけど、ドキドキすることも、楽しいことも、なーんにもない生活」って彼女は答えた。

東京のお水の世界って、その世界には、その仕事なんてやめても、いくらでも、昼間の世界を自由闊達に歩いて行けるような女の子も混ざっている。そういう子も往々にしているということが、特殊感を薄めて、空気を薄くしている。その言葉を聞いたとき、仕事や恋愛の共通言語がいっぱいあって普段はそんなこと全然考えないけど、そういえば、百合ちゃんと美穂ちゃんは、全然違うんだよな──私はぼんやりとそう思った。立教の英文科の学生でTOEIC八百五十点のスコアがあって、生徒会長とかやっていたこともあるような性格で、ホステス以外のバイトは芸能活動とモデルな美穂ちゃんは、お店なんてやめても、何も失わないだろう。ドキドキも夢も、その世界の外にもいくらだってあるだろう。でも、百合ちゃんの言葉は、昼間の社会がどう人を振り分け、どんなチャンスを与えるかを、物語る。

誰もが、昼間の社会で、学校で、自分が輝けるものに出会えるわけじゃない。自分の一番得意なものが、学校の科目のなかにあるとは限らないし、人は、違う光のなかで違う姿を現す。だから人の資質や能力を浮かび上がらせる光に人にどんどん照らされるべきで、そんな機会は世の中に広くあふれていればいるほど良いと思う。でも昼間の社会って、人がどんなチャンスを得られるか、どんな場所に立てるか、どんな光を浴びられるか、その全部の前提として往々にして勉強の出来を使うことばかりだ、と思う。でもそれって、そんなに万能なものさしなのだろうか。

そこには問われなければ浮かび上がらない能力を浮かび上がらせる色んな光があって、学業という意味で網から滑り落ちる、だけどすごい価値のある仕事ができる人の能力を綺麗に吸い上げて華を咲かせているのが、私にとっての六本木だった。

「より多くの自由」を得る方法

私にとってホステスの仕事がエンパワーメントであったひとつの大きな理由は、それがままごとのなかでの肯定なんかでなく、それが現に、そこで価値を生み出す能力、もっとはっきり言えば「稼げる能力」だったから。金を稼ぐ正義って言ったら怒られそうだが、「自由を得ることが正義」って言ったら、「うん、そうだね」って受け入れられそうな気がする。

お金が「自由」なら、その場所は、「より多くの自由」を得るためにできる努力が一種類ではない場所だった。女の子次第で、そこには色んな努力の仕方があった。仕事の結果というものを紐解いてみれば、どんな価値提供をするか、どこで努力するか、どう努力するか、色んな個性が、能力がそこにはある。夜の世界は、今自分がどれだけの努力をするかで純粋に自分の経済能力が月二十万稼げるのか五十万稼げるのか百万稼げるのかが変わる場所だった。

セルフプロデュースも、建設的な自己投資も、元手がなければできないけれど、その場所は、その元手を、今日の、数週間の、数ヶ月の努力で自分の身から作れて、自分を発展させていける場所。事実、私は六本木に飛び込んだときは貯金はマイナス四万円（姉に借金四万円）だったのに、そのなかで自分を注ぐものを見つけて、世界が自分に開かれていった、それはすごく、すごく素敵な循環だった。二十歳のときに着たい服を来て、自分の二十代を過ごしたい場所で過ごせたのは、世の中にその仕事があったから。なにもなかった私が三年弱で貯金した額は千三百万。その後アメリカでの五年間で、全額自分に投資しきった。

いい家に住みたかったら住めばいい、その洋服がほしかったら買えばいい、留学行きたかったら行けば良い——その、なんとかがしたかったらすればいいっていうシンプルな論理を、そんなお金ないからとか頭が良くないからとかってできなくする理由や言い訳が昼間の社会には沢山あるけれど、それを限りなく消滅させられるのが、夜の世界に見えた。

だってそこで成功するのに学歴なんて何の役にも立たないし、必要もないし、綺麗であればそれにこしたことはないけど美形じゃなくてもすごく仕事できる人もいるし、あるいはちょっと整形するくらいのお金は簡単に稼げるし、するという判断もふくめてそれも自分次第だ。昼とは違う光で人の能力に力を与えるものがいくらでもある夜は、そこにはチャンスが常に在って、経済力は自分の身ひとつでゼロから生み出せて、それをつかまないのはつかまない側の手の問題で——人をしばるのは、生まれた場所でも勉強っていう二十年の蓄積でもなく、今日の自分が努力をしないっていう怠慢さだけ、そう言い切れるかのように思えるような環境が、私は好きだった。二十歳のときの私にとって、それは綺麗事じゃなしに人生はその人の手のなかにあるんだって思わせてくれる場所だった。

ホステスは、誰もが持ってる「自分」と、誰もが囲まれて生きている「人間関係」を仕事にする。その仕事は、そうやって、そうじゃなければオマケで終わる能力を可視化させ、はっきりと肯定して、どこにでもいるような女の子に、羽根をくれる。そうして飛べるようになった空のなかには、地上を歩いているしかなかったら出会えない可能性が沢山溢れてる。

その仕事をしたことがなかったら、その仕事は、「自分の笑顔には値段がつく」ってことを覚える仕事、と思ったかもしれない、と思う。でも、そうじゃなかった。それだけじゃなかった。

その仕事を高みから見て否定したくない、と思う。だって私は、その仕事のなかにある善と解放を知っているから。その仕事は、私を生かしてくれたから。二十歳の私にとって、それは、どれだけでも自由に生きられるようになる、羽根だった。ちゃんと動かしている、実感のある羽根。

今は、もう、その羽根は、いらない。だって、その羽根で飛んでいった新しい場所で、別の羽根を見つけられたから。でも、もう一度二十歳に戻って、また、あの何もない自分で、人生を生きていくなら。私は、もう一度、その羽根がほしい。そうして、そこからまた自由に、人生を羽ばたいていけるようになりたい。

完

あとがき

ホステスの仕事は、十九歳の私のすごく近くにあったものだった。私が、ごくごく普通の若い女の子だったからだと思う。でも、そこからアメリカに行ったりとか、明け方三時までアフター付き合う代わりに明け方三時まで大学の図書館に篭り続けたりとか、スーツ来て就活したりとかしているうちに目の前の光景はどんどん変わり続け、気がつけば、毎日顔を合わせるような会社の人達は、ハーバードMBA卒の上司や東大卒の同僚になって、ホステスやキャバクラのバイトがそれくらい近い感覚、は視界から一瞬遠くなった。

でも、この本を書いているとき、都内のシェアハウスに引っ越したことがきっかけで、その仕事はまた少し近くに見えだした。都心の綺麗な物件、でも個室以外にもドミトリーみたいな安い部屋もあって、若くてお金のない女の子とか、お金を貯めたい女の子も住んでいる。

最近、そのなかで、ふたりの女の子とよくしゃべるようになった。ひとりは、若奈ちゃん、岡山出身の二十一歳。エステで働いていたのだけど、最近某化粧品メーカーの店舗従業員として人生はじめての就職をした。でもイラストが好きで、夜な夜な何時間でも絵を描いていて、ホントは、イラストだけずっと描いてたいなぁ、とつぶやく。私は彼女が夜な夜な、「あーもう、また間違えた〜」と言いながら、手書きで履歴書を何枚も書き、友達にスーツを借りて就活の面接に行っていたのを見ているので、かわいいなぁ、と思って彼女を見ていてしまう。恵美さんの言った「ハタチのかわいさ」って言葉を、彼女を見ていて、思い出した。

とはいえ彼女も、一ヵ月語学留学行ったり、ヒアルロン酸打ったり脱毛したり、ちょこちょこお金がかかる色んなお手入れをして、「ダウンタイムで痛い……」とか言っている。そのお金が出てくる先は、彼女がこないだまで夜ときどきバイトしていたから。

でも彼女は意外にしっかりしていて、「月二十万で生活する、夜やってる友達がお金あるのはうらやましいけど、でも昼間ずっとお客さんとLINEしてるのもいやだし、それでイラストも夜もとかやったら結局なにやりたい人なのかわかんなくなるから、就職してちゃんと生きる！」みたいなことを、こないだ言っていた。彼女はすごく人懐っこくて、明るくて、かわいい。

もうひとりは、まゆちゃん、二十歳。女優志望で、西麻布でホステスしてる女の子。最近、給料面で、六本木のキャバクラに移ろうか、銀座に行こうか、迷っている。「〜やき！」って博多弁にのる、はっきりとした性格が、可愛い。アンニュイな色気がある彼女は、とがって見えるけど、本当は、若奈ちゃんよりもずっと優しい性格をしている。毎晩、お客さんやお店の話をホステス友達と電話でしゃべっているので、まゆちゃん側の声を聞いているだけで文脈が全部わかってしまう私は、彼女の話し声越しに昔をちょっと思い出す。

水商売は個性だった——その鮮烈に明確だった体感を、私は、心の新陳代謝の一番激しい部分では、もう忘れている。でも、彼女たちを見ていると、それをすごく思い出す。同じような年齢で、同じようなつやつやした髪の長さで、同じようになめらかなお肌のふたりの個性は、すごく違うから。どっちかだけだったら、こんなに不思議な気持ちにならなかった気がする。でも、彼女たちがふたり並んでぺちゃぺちゃしゃべっているのを見ると、それがすごい「空間」だから、私はそのみずみずしさに囲まれて、ふとあの頃を思い出す。私が彼女たちにシンクロする理由、それは、彼女たちって、本当に「どこにでもいるような普通の女の子」感が、強いからだ。あのお店にいる子って、まさしくこうだった、と思う。

自分がその仕事を卒業しても、社会のなかにその仕事は存在し続け、私がハタチじゃなくなっても、二十歳の子は当然のように生まれ続け、その仕事は、「東京を生きる若い女の子」にこうやって寄り添い続けるんだな、と思う。

足元に広がり続け、可能性を与える。

そんな彼女たちには、当時の私に向けられたのと同じ言葉が向けられる。

「変なこと覚えるからやらないほうがいいよ」、「金銭感覚おかしくなるよ」、あるいは、「勉強になるからいいんじゃない」——。

その全部、その世界の内包する、くだらなさと素晴らしさの二面性のどちらかしか見ないから、出てくる言葉だと思う。その世界は、善か悪かなんて、言い切れないくらい複雑で、素晴らしくてでもしょうもなくて、くだらなくて、でもくだらなさだけでもなくて、そういう渦とグラデーションの世界なのに。

結局のところ、これだけアイコニックで、でもこれだけ理解されることのないものって、あんまりない気がする。

「普通の女の子」がその仕事を通して経験する幅、それを介して経験する景色、可能性、負担、それらを描きたかった。でも、その女の子を包むもっと大きな「社会」のなかでも。

水商売って、なんでしょう。ホストにキャバクラ、クラブのホステス、世間は彼らが自分自身をどう名乗るかで少し違う目を向ける。キャバ嬢バカにして、銀座のホステスにはそれなりの価値を与え、印象だったり伝統だったりそういうふわっとしたもので差異化したりする。でも、ホストもホステスもキャバ嬢もしているのは、「ある意味では」同じこと――それは人間関係の提案営業で、その人たちは、カオだけでもカラダだけでもない、トータルとしての存在を売っている。それが、水商売に対する、私の答え。果てしないサービス業だからこそ、カラダなんて売らなくても考えることは山ほどあって、工夫できることは山ほどあって、人の心に肉薄する仕事だからこそ面白い。価値の作り方に正解のないサービス業だからこそ面白い。でも、どこまで行っても異性だってことを前提から抜くことはできない。その両方ともが私の経験した、水商売の他になかなか類を見ない程の面白さでもあり、でも綺麗な部分だけでは語れない苦しさの両方。男がいて、女がいて、人が人を求めるから水商売があって、人が愛おしくて愚かで自己顕示欲と自己承認欲求があって人が人を利用するけど人が人を信じたいから成り立つのが水商売。それは、負担と可能性の間で、女の子が自分だけのシュプールを描き、そのグラデーションのなかに生きる仕事。

この本を書きはじめたのは、二十八歳のとき。それは六本木をやめてから、六年後だった。どう編集するか、試行錯誤の末にようやく完成した今は、三十歳。彷徨いすぎて、自分のなかの小宇宙を表現する、長くて深い旅だった。信じられないくらい時間がかかったけど、この手前のどの段階でも出さなくてよかった、そう思える最終形になって、よかった。

この本を出版する機会をくださった鈴木雄一社長、マイペースでこだわりの強い私に辛抱強く付き合ってくださり、また制作に最大限の自由をくださった編集の木村洋平さん、再三変わるスケジュールに対応してくださった関係者の方々に心より感謝申し上げます。遠くから心配しながら応援し続けてくれた両親と一番近くで支えてくれたまりちゃん、本当にありがとう。そして、私の六本木での時間を彩った、そこでのすべての出会いに、感謝している。

二〇一九年　二月二十六日

蓮実　里菜

蓮実里菜（はすみ・りな）

1988年、愛知県生まれ。大学１年生の19歳の時、海外渡航歴ゼロながら「アメリカの大学に行きたい」と思うようになり、大学を１学期で中退し、留学資金を貯めるために六本木のクラブでホステスをはじめる。
21歳でナンバーワンになり、３年弱で留学資金として1300万を貯め、22歳で19歳の夢を追いかけて単身渡米。渡米時のTOEIC380点だったものの、紆余曲折を経てコロンビア大学に進学・卒業する。専攻は社会学。卒業後は外資系の経営コンサルタントとして勤務。

夜の扉のなかにあるもの

元No.1ホステス、コロンビア大卒、外資系コンサルが解き明かす六本木の世界

発行日　２０１９年５月７日　初版第一刷発行

著　者　蓮実里菜
装　幀　菅原　守
発行者　鈴木雄一
発行所　はるかぜ書房株式会社
〒２４８-００２７ 鎌倉市笛田６-１５-１９
ＴＥＬ：０５０-５２４３-３０２９／ＤＡＴＡＦＡＸ：０４５-３４５-０３９７
E-mail：info@harukazeshobo.com　http://www.harukazeshobo.com
印刷・製本　株式会社エーヴィスシステムズ

ISBN 978-4-909818-05-8